由木 康 訳

キリストにならいて

イミタチオ・クリスチ

教文館

訳 者 序

いわゆる『イミタチオ・クリスチ』*De Imitatione Christi* が、聖書につぐ宗教的古典として全世界の人々に愛読されてきたことは、周知の事実である。わが国でも切支丹の時代から今日までのあいだに十数種の翻訳が現われたのを見ても、そのことは明らかであろう。

ところで、それらの邦訳がほとんどすべてトマス・ア・ケンピスを原著者とし、ラテン語版を原典とする伝統的立場に立ってなされたのに対して、この訳書は最近の発見と研究とにもとづく新しい見地からなされた最初の試みである。その見地をひとことでいえば、この宗教的古典の原著者はトマスの属していた教団の創立者ヘーラルト・ホロートであって、トマスはその翻訳者ないし編集者であり、また原テキストは中世オランダ語であって、ラテン語版はその翻訳にほかならないということである。これについては巻末の解説にくわしく述べておいたので、それを一読されたい。

このことは『イミタチオ』の歴史の上で画期的な事件であるが、自然科学の新説のように、早急に採用されるわけにはゆかない。在来の立場に対する固執や、新しい見地に対する不信などから、人々はためらいを感じるからである。特にイギリスではトマス著者説が長いあいだ信奉されていただけに、この転換は容易でないように思われる。しかし最近ではこの保守的な国でも、在来の立場が徐々にくずれ新しい見地を受けいれる準備が熟しつつある。『オックスフォード・キリスト教会辞典』(一九五八年版）の *The Imitation of Christ* の項に、トマス説の支持者としてヒルシェ、ケトルウェル、シュピッツェン、ホィートリ、モンモランシ等をあげると共に、ホロート説の支持者としてボネ・モーリ、デ・ベール、ヴァン・ヒンネケン、ティーケ、ケルン等をあげているのを見ても、そのことは知れよう。そのような過渡的状勢の中でこの訳書が刊行されることははなはだ有意義であると信じる。

この書に引用されている聖書の語句は、テキストから直接邦訳したもので、普通の邦訳聖書のものと必ずしも同じではない。しかしそれらの出所を示す場合には、わが国で一般に流布している日本聖書協会訳の章節を示すことにした。

パスカルのものを訳したあとでこの書を手がけたせいか、わたしは両者に共通なものが多分にあるのを感じ、時にはあまりの類似に奇異の念をすらいだいた。しかし知的にはパスカルの方が鋭く、霊的にはこの書の方が深いといえるであろう。とにかく両者は近親のものであり、一方を愛する人は必ず他方にも親しみを覚えるに違いない。パスカルを迎えた人々がこの書をも迎え、その霊性を清め深められることを心から祈る者である。

一九七三年早春　　　　阿佐谷の自宅で

訳　者

目次

第三巻　聖餐にあずかる者への敬虔な勧め

キリストにならいて

――イミタチオ・クリスチ――

イミタチオ・クリスチ

著者も知れず名もない書、貧しい土のうつわ、
だが福音の果汁を縁《ふち》まで満たして、
そこから人と神との知恵はなみなみと
渇いた心に流れ入る、言葉すくなに。

——ラマルティーヌ

第一巻

霊的生活のために有用な勧め

第一章　キリストにならって、この世のあらゆるむなしいものをさげすむべきこと

一　「わたしに従ってくる者は、やみのうちを歩くことがない（ヨハネ八・一二）」と、主は言われる。

二　このみ言葉は、もしわたしたちが自分の盲目から啓発され解放されたいと願うならば、キリストとその生き方とにならわねばならぬ、と勧《すす》めているのだ。

三　だから、わたしたちの主要な努力と無上の関心とは、キリストの生涯に照らして自分を訓練することでなければならぬ。

四　キリストの生涯は、あらゆる教理にまさっているからだ。だれでも正しい精神を持つ人は、その中に非常に甘美なものが隠されているのを見いだすであろう。

五　しかし、ああ、神のみ言葉を聞きながらも、それに従おうとする志をほとんど起こさない人がいかに多いことか。それは彼らがキリストの御霊《みたま》を持たないからだ。

六　キリストのみ言葉を味わい、かつ心から理解しようとする者は、自分の全生涯をキリストの生涯と一致させ、この世のあらゆるむなしいものを捨て去るように努《つと》めねばならない。

七　もし自分が謙遜を欠き、そのため聖なる三位《さんみ》一体《いったい》の神のみ心にそむいたとするならば、三位一

体について深い知識をもち、またそれを論じたとしても、なんの益するところがあろう？

八　しかり、高遠な言葉や上品な文句は、人を清くも正しくもしない。ただ善良有徳な生活だけが、その人を神には尊く、人には愛すべき者たらしめる。

九　わたしは罪の悔い改めの定義を知るよりも、むしろそれを実感したい。

一〇　たといわたしが聖書の全部とあらゆる哲学的教理とをそらんじたとしても、神とその恵みとを愛する心がなかったならば、なんの益があろう？

一一　もしわたしたちが神に仕え全心をもって神を愛さないならば、「空《くう》の空、空の空、いっさいは空である（伝道一・二）」

一二　ああ、この世をさげすむことによって神のみ心にかなうように努めること、これこそ無上の最も確実な知恵である。

一三　むなしい滅びゆく宝を追い求め、それに信頼するのは、はなはだ愚かなことだ。

一四　またこの世の栄誉を慕《した》い、それに慰めを求め望みを置くのも、全くむなしいことである。

一五　朽《く》ちゆく肉の願いに従うのは、むなしいことだ。よしそれに刹那の満足を覚えたとしても、やがてはきびしくとがめられつぐのわせられるからである。

一六　有徳な生活をしようとは考えもせずに、いたずらに長寿を願うのは、むなしいことだ。

一七　ああ、今の世に満足して、神の審《さば》きを忘れ去るのは、あわれむべきことだ。

一八　ソロモンは言った、「目は見ることに飽きることがなく、耳は聞くことに満足することがない（伝道一・八）」と。

一九　だから、すべて地上の見える滅びゆくものから心を引き離して、見えない永遠のものへあなた自身を向けなおすように努めるがよい。

二〇　なぜなら、すべて肉の願いに従う者は、自分の良心を汚し、神の恵みを失うからである。

第二章　自分を謙遜に評価すべきこと

一　すべての人はおのずから知識を求める。しかし知識も神を恐れることがなければ、なんの益があろう?

二　神に仕える謙遜な無学の人は、自分の救いをなおざりにして天体の運行を考える高慢な哲学者にまさっている。

三　自分を知る者は、自分の無価値をよくわきまえ、人の称賛を喜ばない。

四　たといわたしがこの世の万事を知ったとしても、もし愛がなかったならば、わたしの行為にしたがって審かれる神のまえに、なんの得るところがあろう(第一コリント一三・二)?

五　過度の知識欲を捨てよ。その中にはしばしば無用の煩悶《はんもん》と欺瞞《ぎまん》とがあるからだ。

六　学者はとかく尊敬されたり賢明だといわれたりしたがるものだ。

七　世にはそれを知っても別に魂の救いに役立たないような事がらが、たくさんある。

八　神と、自分の救いに役立つ事がら以外のものに、心を労するのは、はなはだ愚かである。

九　多言は魂を満足させない。しかし有徳な生活は心をなぐさめ、潔白な良心は神への絶大な信頼を呼びおこす。

一〇　多くのことを知れば知るほど、その生活を清くしないかぎり、いっそうきびしい審きを受けるであろう。

一一　だから多少の知識を得たからといって、思いあがってはならない。

一二　多くのことを知っているとしても、それは知らないことにくらべるならば、ものの数でもないのだから。

一三　世には自分よりはるかに多くのことを知っている人がたくさんあるのに、なぜ自分を他人以上に評価しようとするのだ？

一四　何か自分の益になることを学ぼうと思うならば、人に知られぬ、つまらぬ人だと思われることを願うがよい。

一五　至高至深《しこうししん》の教えはこれである。すなわち自分をほんとうに知り、自分を謙遜に評価すること、自分を取るに足《た》らぬ者だと思い、他人を高く評価することである。

一六　たとい他人が公然と罪をつくり、何か悲しむべき過失を犯したとしても、そのために自分をその人よりまさると考えてはならぬ。自分も恵みの状態にどれだけ長くとどまり得るかを知らないからだ。

一七　わたしたちはみな弱い者であるが、自分より弱い者はないと思うべきである。

第三章　真理の教えについて

一　表徴にも過ぎゆく言葉にもよらず、真理そのものから直接の啓示《けいじ》を受ける人は、幸いである。

二　わたしたち自身の思いつきは、しばしばわたしたちを欺き、わずかなものしか見分けない。

三　深奥幽玄《しんおうゆうげん》な事がらについて多くのことを論じても、なんの益があろう？　それらを知らぬからといって、審きの日に責められることはないのだ。

四　有益で必要な事がらをゆるがせにして、珍奇で有害な事がらに心を向けるのは、はなはだ愚かなことである。

五　永遠のみ言葉が内から語りかける人は、もはや愚かな理論に心をわずらわさぬであろう。

六　このみ言葉がなければ、誰ひとり正しく理解し判断することはできない。

七　このみ言葉をいっさいとして、万物をそれに帰し、その中に万物を見る人は、心の安定を保ち、全《まった》き平安のうちにとどまることができる。

八　ああ、永遠の真理であられる神よ、とこしえの愛によってわたしをあなたと一つにしてください！

九　多くのことを読み聞くことはしばしばわたしを疲れさせます。おお主よ、あなたの中にわたしは自分の願っているすべてのものを見いだします。

一〇　すべての学者とあらゆる被造物とは、あなたのまえに黙しますように、そして、おお主よ、あなたのみわたしのうちに語ってください。

一一　人はあなたに結びつき、あなたに似れば似るほど、いっそう多くあなたについてのおごそかな真理を労せずして悟るでしょう。

一二　純真素朴で心の確かな人は、多くのわざにたずさわっても心を乱すことがない。彼はすべてのことを神の栄光のためにし、あらゆる自己追求から免れようと試みるからだ。

一三　自分を何よりも妨げ悩ましているのは、自分が今なお断ち切らずにいる自分の心の情愛である。

一四　篤信《とくしん》な人は、やがて運び去らねばならぬものを、自分の心の中であらかじめ整理する。

一五　彼はそれらを整理するのに、片よった好みによらず、正しい理性の判断に従う。

一六　自分に打ち勝とうと努める者は、世の常の戦いよりも激しい戦いをしているのだ。

一七　そして、わたしたちの主要な研究と努力とは、このこと、すなわち自分を克服し、過ぎた日の自分よりも日々に強くなり、徳に進歩することでなければならぬ。

一八　現世における完全は、すべて多少の不完全を伴なっている。またわたしたちの知識もみな幾分かの不分明を含んでいる。

一九　自分を謙遜に知ることは、学問を深く究めることよりも、いっそう確実な神への道である。

二〇　正しい知識は、決してとがめられるべきものではないが、善良な良心と有徳な生活とは、常にそれ以上に尊重せられるべきものである。

二一　とはいえ多くの人は、有徳な生活をするよりも知識を得ることに努力しがちなので、しばしば欺《あざむ》かれ実を結ぶことが少ないのだ。

二二　ああ、もし彼らが質問を発するのに熱心であるよりも、自分の悪徳を根絶するのに熱心であるならば、世間のおびただしい悪と醜聞とは起こらぬであろうし、修道院内の多くの不面目も生ぜぬであろう。

二三　審《さば》きの日が来たならば、わたしたちは何を読んだかでなく、何をなしたかを問われ、いかによく語ったかでなく、いかによく生きたかを問われるであろう。

二四　あの偉大な人々や教師たち、彼らが学問に生きかつ栄えたころ、あなたは親しく彼らと交わったが、あの人々は今どこにいるのか？

二五　彼らは、その生存中は何者かであるように見えた。だが今や彼らは人のうわさにすら上《のぼ》らない。

二六　いかに速やかにこの世の栄誉は過ぎ去ることであろう！

二七　もし彼らの生活が彼らの学問と一致していたら、その時こそ彼らの読みかつ究《きわ》めたことは有益であったであろうに。

二八　ああ、神に仕えることをほとんど顧《かえり》みず、いたずらに学ぶことによって滅びゆく人がいかに多いことか！

二九　彼らは謙遜になるよりも偉大になることを好むため、「その思いがむなしくなる（ローマ一・二一）」のだ。

三〇　神への愛において偉大な人こそ、真に偉大である。

三一　自分を小さく評価し、無上の栄誉をも無価値とみなす人こそ、真に偉大である。

三二　「キリストを得るために、地にあるすべてのものを塵芥《あくた》のように思う（ピリピ三・八）」人こそ、真に偉大である。
三三　また神のみ旨を行い自分の意志を捨てる人こそ、真の学者である。

第四章　行ないをつつしむべきこと

一　わたしたちは自分に語られ示されたことを全部信ずべきではない。むしろ賢く根気よく物ごとをはかり、しかも神のまえで熟慮すべきである。
二　人の性は非常に弱く、善よりも悪の方がはるかに早く伝わりがちであるから。
三　しかし有徳な達人《たつじん》たちは、自分に伝えられたことを軽々しく信じない。彼らは弱い人間が悪に傾き言葉にあやまちやすいことを知っているからだ。
四　その行ないにおいて性急でなく自説を主張するのに頑固でないことは、大きな知恵である。
五　人の語るすべてのことを軽々しく信ぜず、人から聞いたことを心なく他人に話さないことも、知恵の一部である。
六　賢い良心的な人から忠告を受け、自分自身の意見に従うよりも目上の人に教えられることを願う方がよい。
七　善良な生活は人を神のみ前に聡明《そうめい》ならしめ、多くのことに練達ならしめる。

八　人はみずから謙遜であり神に従順であればあるほど、すべてのことに賢くなり平静になるであろう。

第五章　聖書を読むべきこと

一　聖書を読むにあたっては、真理を求めるべきで、美文をさがすべきではない。
二　聖書は、すべてそれが書かれた同じ精神をもって読まれねばならぬ。
三　わたしたちは聖書のうちに、言葉のあやよりも自分に有益なものを求めるべきである。
四　だから、わたしたちはその中の深遠玄妙な書巻と同様に、敬虔単純《けいけんたんじゅん》なものをも進んで読むべきである。
五　或る書巻の筆者が博識であるか浅学であるかは、問うところではない。ただ純粋な真理への愛にひかれて読むべきである。
六　筆者らは過ぎ去る。しかし「主のまことはとこしえに絶えることがない(詩篇一一七・二)」
七　神はさまざまの方法により、かたよることなくあらゆる人を仲介として、わたしたちに語りかけられる。
八　聖書を読む時、単純に読み過ごすべき事がらを無暗に穿鑿《せんさく》すれば、わたしたちの好奇心がしばしばわたしたちを妨げる。

九　もし実益を刈り取りたいと思うならば、謙遜単純にかつ忠実に読むがよい。決して学者の名を得ようとして読んではならぬ。

一〇　進んで尋《たず》ねよ、聖なる言葉に黙して聞け。そして自分より知恵ある人々のたとえ話をきらってはならぬ。それらは理由なしに語られたものではないからだ。

第六章　過度の情愛を避けるべきこと

一　人は何ものかを過度に求めると、たちまち不安になる。

二　高ぶった貪欲な人は、平安を得ないが、貧しい謙遜な人は、常に全き平安のうちにある。

三　自分を克服しない人は、たやすく誘惑にかかり、小さい害悪にすら打ちひしがれてしまう。

四　またそういう人は精神が弱く、官能的なもの、ことに肉欲に傾きやすく、それらから全く離れることができない。

五　だから彼は、それらのものを奪い去られたら、しばしば悲しみもだえ、誰かに反対されると、たやすく怒るのだ。

六　とはいえ、その願いを達しでもしたら、彼はすぐに良心の呵責《かしゃく》に悩まされる。なぜなら彼は結局情欲に負けたのであり、その情欲は彼があれほど熱望した平安を確保するのに、なんの役にも立たなかったからだ。

七　心の平安は、情欲に逆らうことによってのみ得られ、情欲に屈することによっては得られない。

八　してみると真の平安は、外的事物に心を向けている人にはなく、ただ熱心な霊的な人にのみ真の平安はあるのだ。

第七章　むなしい希望と誇りとを避けるべきこと

一　人間または被造物に信頼をおく人は愚かである。

二　むしろ自分の造《つく》り主《ぬし》にのみ信頼をおけ、神のため他人に仕えることを恥とするな（マタイ二三・一一）。

三　自分を頼まないで神を頼め。

四　自分のなし得るかぎりのことをせよ。そうすれば神は自分の善意を助けたもうであろう。

五　自分の学識を頼みとするな、むしろへりくだる者を助けるためにくだり、高ぶる者をへりくだらしめる神の恵みを頼みとせよ。

六　地上の所有物をも自分の友人が有力であることをも誇りとするな。ただすべてのものを与え、とりわけご自身を与えようとされる神のみを誇りとせよ（第二コリント一〇・一七）。

七　自分の体格の立派さや秀麗などを自慢するな。そのようなものはわずかな病気でそこなわれ傷つけられるものだ。

八　自分の才智や能力をも誇りとするな。そんなことをすれば、それらをお授けになった神のみ心を痛めるであろう。

九　自分自身を他人よりまさっていると考えてはならぬ。そんなことをしたら、自分は神のまえで他人より劣った者とされるであろう。

一〇　自分の善行を誇りとするな。神は人とは違った判断をなさるからだ。また人の好むことはしばしば神のにくみたもうところである。

一一　もしなんらかの善が自分のうちにあるとしたら、他人にはなおさら多くあると思うがよい。そうすれば謙遜を保つことができる。

一二　他人はみな自分よりまさっていると考えても、自分には有害でないが、誰かを自分より劣っていると考えることは、自分にははなはだ有害である。

一三　永続する平安は、へりくだる者の分け前である。しかし高ぶる者の心にはねたみと怒りとが絶えない。

第八章　人との過度の親交を避けるべきこと

一　「あなたの心をすべての人に打ち明けるな（ベン・シラ 八・一九）」、ただかしこい、神を恐れる人に助言を求めるがよい。

二　若い人や見知らぬ人とあまり往き来するな。

三　富者におもねるな、また貴人としげく交際するな。

四　むしろ謙遜な人、篤信な人、有徳な人に親しみ、心から交わるがよい。

五　異性と過度の親交を結ぶな。

六　ただ神および天使たちと交わることを願い、人との親しみを避けよ。

七　あらゆる人に対して愛を持つべきであるが、狎《な》れ親《した》しんではならない。

八　わたしたちは面接すれば人々を喜ばせ得ると考えやすい。ところが彼らはわたしたちのうちにわるい性質を認めて、たちまち不快になり始めるのだ。

第九章　従順と謙遜な服従とについて

一　従順な生活をし、目上の人に服し、自分勝手な人間にならないのは、はなはだ偉大なことだ。

二　人の上に立つよりも人の下におる方が、はるかに安全である。

三　世には愛の心からよりも、やむをえず服従する人が多い。しばしば不満を覚えたりつぶやいたりするのは、そういう人である。そういう人は神を愛するため全心をもって自分を服従させないかぎり、心の自由に達することはできない。

四　好きな所へ行ってみるがよい。どこにも安息《あんそく》は見いだせないであろう、目上の支配下に謙遜に服従するほかには。

五　居所を変えたらという空想と願望とは、今まで多くの人を欺いてきた。

六　すべての人は自分の好きなように行うことを喜び、自分の気に入った人と親しみたがるものだ。

七　しかし神がわたしたちの中におられるならば、わたしたちは平安を得るために、時には自分の思いを捨て去ることが必要である。

八　万物を完全に知り得るほど賢明な人があるであろうか？

九　だから自分自身の考えに信頼し過ぎず、他人の考えも喜んできくべきである。

一〇　自分の考えがよいとしても、それを神への愛ゆえに打ち捨て、他人の考えに従うならば、それによって大きな益を受けるであろう。

一一　助言を与えるよりも受ける方が安全であると、わたしはしばしば聞かされてきた。

一二　双方の考えがよいこともあり得る。しかし他人に従いまたは他人を信ずるのが道理である か適当である時、それを拒《こば》むのは高慢と強情とのしるしである。*

＊　ここでホロートが修道院にはいる前に書いた日記の部分は終る。

第一〇章　多言を避けるべきこと

一　できるだけ人々との集合を避けよ。あちこちの出来事についていろいろのことを聞くのは、たといそれが純粋な動機から語られたとしても、大きな妨げになるからだ。

二　わたしたちはたやすく汚され、むなしいもののとりこになりがちである。

三　わたしは、沈黙を守ればよかった、人中へ出なければよかった、と思うことがしばしばある。

四　だのに、なぜわたしたちは、良心を傷つけられずに自分の孤独にかえることがまれであるにもかかわらず、互いに無駄話や雑談にふけることを好むのであろうか？

五　わたしたちが雑談を好むのは、人と話し合うことによって慰めを求めるからだ。

六　またわたしたちは自分の性に合ったことや、好きなことや、自分の最もきらいなことなどを話したがるものだ。

七　しかし、ああ、それはしばしば徒労に終ってしまう。

八　というのも、この外からの慰めは、内からの慰めの妨げとなることが少なくないからだ。

九　だから、わたしたちは自分の時間を無駄に過ごさぬように目を覚ましてつつしまねばならない。

一〇　話しても差しつかえのない時には、人の徳を建てる有益なことを話すべきだ。

一一　悪い習慣と自分の進歩をゆるがせにすることとが、わたしたちの談話を軽薄にする大きな原因である。

一二　とはいえ、霊的な事がらを話し合い、ことに神にあって一つ心と魂とをもつ人々と話し合うのは、わたしたちの霊的進歩に少なからぬ助けとなるものだ。

第一一章 平安を得て徳に進むに熱心であるべきこと

一 もし自分と関係のない他人の言行にかかわりあうことがなかったならば、わたしたちは大きな平安をうけ得るであろう。

二 他人の仕事に立ち入り、外部に気ばらしの機会を求め、自分に立ちかえることがほとんどまたは全くないような人が、どうして長く平安を保つことができよう?

三 心の単純な人々は幸いである。彼らは大きな平安をうけ得るからである。

四 なぜ或る聖者たちはあのように完全で冥想的であったのであろうか?

五 それは彼らが自分の内にあるすべての世俗的な欲望を全く克服しようと努めたからだ。だからこそ彼らは、心の奥底から神によりすがり、ただ神にのみ自由に自分を没入することができたのだ。

六 だのに、わたしたちは過ぎゆくことにあまり多忙であり、自分の情欲に駆られてそれらのことを心配しすぎる。

七 一つの欠点にすら完全に打ち勝ちがたく、そのために微温状態を続ける。

八 そして生きているあいだも死んでゆくときも、神から来るものによって慰めを受けない。

九 わたしたちの最大の妨げは、わたしたちが情欲と邪念とから解き放されていないことであり、聖徒たちの完全な道を歩《あゆ》もうと努めないことである。

一〇　そこでわずかな不運にでもあえば、たちまち落胆して、人間の慰めを求めるようになる。

一一　もし勇敢な人々のように、戦いの中に堅く立とうと努めるならば、わたしたちは必ず主の助けが上からくだるのを覚《おぼ》えるであろう。

一二　主は、戦いつつ主の恵みによりたのむ者を常に助けようとして待ちかまえ、また戦って勝つべき機会をわたしたちのために備えておられるからだ。

一三　もしわたしたちが外的な行事を守ることにのみ汲々《きゅうきゅう》としているならば、わたしたちの熱誠は永続しないであろう。

一四　しかし斧を樹の根に置くならば、わたしたちは情欲から解かれ清められて自分の魂を平安に保ち得るであろう。

一五　もし年ごとに一つの悪徳を根絶するならば、わたしたちはもっと完全な人になり得るはずだ。

一六　だのに、どうであろう、わたしたちはしばしばその反対、すなわち回心した当初の方が入信《にゅうしん》後《ご》多年を経たのちよりもまさっていたというようなことを経験する。

一七　だから、わたしたちは毎日熱心と徳行とに進むべきである。だのに、今日では人が当初の熱心を幾分でも保っておれば大したことのように思われている。

一八　もしわたしたちが最初に自分を少し苛酷に取り扱っていたら、あとで万事をたやすく喜んでなし得たであろうに。

一九　旧い習慣を打破するのは難事である。しかし自分の意志に逆らうのはさらに難事である。

二〇　とはいえ、容易な小事に打ち勝ち得ないで、どうして困難な大事に打ち勝つことができようぞ？

二一　悪習慣に逆らえ。そうでなければ自分はさらにはなはだしい困難に引き込まれるであろう。

二二　ああ、自分のよい生活が自分自身にどんなに深い内的な平安をもたらし、自分の同信の友にどんなに大きな喜びを与えるかを知りたいものだ。そうすれば自分は霊的な進歩のためにさらに心を用いるようになるであろう。

第一二章　苦難と逆境とは有益であること

一　時おり試練や逆境にあうのは、わたしたちにとってよいことである。それらはしばしば人をして自分に立ちかえらしめ、人が地上では試練の場所にあることを実感させるからだ。

二　時おり矛盾のために苦しみ、正しいことをしながらも誤解されるのは、わたしたちにとってよいことである。

三　そのような卑下は、わたしたちが虚栄に陥るのを防ぐであろう。

四　善意の人が踏みにじられ、外からは侮蔑と不信用とを受け、内では悪い誘惑に悩むならば、その時こそ彼は神の助けの必要なこと、神を離れて何事もなし得ぬこと（ヨハネ一五・五）を実感するからだ。

五　その時こそ彼は悲しみ、嘆き、切《せつ》に祈る。

六　その時こそ彼は生きながらえることに倦み、「この世を去ってキリストと共にある（ピリピ一・二三）」

ために、死の時の来るのを熱望する。
七　なぜなら、この世にながらえることを、彼は厭うからだ。

第一三章　誘惑に抵抗すべきこと

一　この世に生きているかぎり、苦難と誘惑とから免れることはできない。
二　「地上の人の生活は戦いである（ヨブ七・一）」と、ヨブが言っている通りである。
三　だから、わたしたちは祈禱と霊的修行とによって自分を強め、誘惑に敗れ、邪路に迷い込まないようにしなければならぬ。
四　時たま誘惑に悩むことすらないほど完全な人は、ひとりもいない。
五　しかしながら誘惑は悩ましく悲しむべきものであるとはいえ、往々人にとってははなはだ有益である。というのも人はその中でためされ、清められ、へりくだらしめられるからだ。
六　聖徒たちは、みな多くの患難と誘惑とを通過し、徳に進むためそれらを利用した。
七　また誘惑に強く抵抗しなかった人々は永続せず、神から離れ去ってしまった。
八　世には誘惑も逆境もないほど清らかな教団もなければ、神聖な場所もない。
九　なぜなら、そのような誘惑の根元はわたしたち自身の本性にあり、わたしたちは罪の中に孕《はら》まれている（詩篇五一・五）からだ。

一〇 一つの誘惑が去れば、他のものが来たり、わたしたちは始終なんらかの苦しみを受けねばならぬ。それはわたしたちが人間の当初の幸福の恵みを失っているからだ。

一一 多くの人は誘惑から免れようとして、いっそう深くその中へ落ち込む。

一二 のがれ出ようとするだけでは誘惑に打ち勝つことはできない。むしろ忍耐と謙遜とによってわたしたちはすべての敵よりも強くなるのだ。

一三 誘惑を外的に避けるだけで、その根を抜き取らない人は、あまり得るところがあるまい。それどころか誘惑はいっそう速やかに帰ってきて、彼は前よりもみじめな状態にあるのを見いだすであろう。

一四 自分の粗暴な性急な仕方によるよりも、むしろ神の助けによって徐々に忍耐強くそれに打ち勝つべきである。

一五 誘惑を受けている時にはできるだけ他人の助言を求めるがよい。また誘惑にあっている人を粗暴に取扱ってはならない。彼らの慰めになるような助言を与え、自分がしてほしいと思うように彼らにもなすべきである。

一六 悪い誘惑の初めは移り気である。

一七 舵を失った船が、波のまにまにあちこちただようように、目標を見失った気ままな生ぬるい人もさまざまの方向へ誘われるからだ。

一八 火は金を吹き分け、誘惑は正しい人を吹き分ける。

一九 わたしたちは往々自分にどれだけの力があるかを知らない。しかし誘惑はわたしたちが何者であるかを明らかにする。

二〇　とはいえ、常に警戒を怠ってはならぬ。詩人も言っているように、「初めにさからえ、長く延ばして病いが重くなれば、医薬を施《ほどこ》しても遅い（オヴィディウス『デ・レメディア・アモリス』九一）」

二一　それというのもまず心に浮ぶのは悪い思いに過ぎないが、ついで生き生きとした想像が現われ、それから満足感と悪い動機と同意とが生じるからだ。

二二　そういうわけで最初に抵抗しなければ、邪悪な敵は完全に侵入してくる。

二三　そして抵抗を延ばせばのばすほど、人はいっそう弱くなり、敵は彼に対してますます強くなる。

二四　だから、わたしたちは、神が誘惑の中にあるわたしたちを力づけ、わたしたちがそれに負けることとなく恵まれた終りを全うし得るよう、わたしたちの主にいよいよ切に祈らねばならぬ。

二五　誘惑と苦難とによって人はどれだけ進歩したかをためされる。それらの中に彼の功徳を積むべき機会は置かれている。またそれらの中で彼の徳はいよいよあらわにされるのだ。

二六　篤信な人が煩悶も苦難もない時に熱心であったとしても、さして偉大なこととは思われない。しかし彼が苦痛の中で忍耐を示し得たならば、わたしたちは彼が徳に多大の進歩をなし得ることを期待するであろう。

二七　大きな誘惑には打ち勝っても、小さいのには負ける人々がある。それは彼らが小さい誘惑にかくも弱いことを自覚し、自分に頼み過ぎたり自分を買いかぶったりしないためだ。

第一四章　他人を軽率不当に審いてはならないこと

一　自分の目を自分自身に向けて、他人の行為を審《さば》かぬように注意しよう。

二　他人を審くことによって、人はいたずらに労し、誤りに陥り、罪を犯しがちである。しかし自分を審き反省して、徒労に終ることはない。

三　わたしたちは心の中の一物によって審くことが往々ある。わたしたちの審きは個人的好悪によってかたよることが多いからだ。

四　もし神がわたしたちの願いの全目的であったならば、わたしたちの考えが相反するような場合にも、たやすく心を取り乱すことはないであろう。

五　多くの人はその行ないにおいて無意識に利己的な目的を追求しながら、それに気づかずにいる。

六　彼らはまた事が自分の意志と願いとのままに行なわれるあいだは、全き平安の中に生きているように見える。

七　しかし事が願い通りに行かなければ、落ちつきを失い、悲しみに沈むのだ。

八　考えや感じの相違から、友人のあいだ、同郷人のあいだ、修道者のあいだ、篤信な人々のあいだに、不和を生じることがしばしばある。

九　古い習慣をやめるのは容易ではない。また誰も自分の見解を進んで捨て去ろうとはしない。

一〇　もし自分がイエス・キリストに従う徳よりも、自分の理性と才気とに頼もうとするならば、自分は、霊の光を受けた人とはなり得ぬであろう。神はわたしたちが全くキリストに従い、彼に対する熱愛のゆえにわたしたち自身の気分や判断を捨て去るべきことを望んでおられるのであるから。

第一五章　愛からなされるわざについて

一　世の何事のためにも、また何びとを愛するためにも、最小の悪すらなすべきではない。けれども困窮の中にある人を助けるためなら、時には或る善事を中止し、あるいはより善いことのために変更してもかまわない。

二　善事はそのために捨て去られるのではなく、ただより善いものに変えられるに過ぎないのだから。

三　というのも神は、人のするわざの大小よりも、人がわざをする時の愛の大小を計量される（ルカ七・四七）からだ。

四　多く愛する者こそ多くのことをするのだ。

五　自分の利益をはかる者よりも、公共に仕える者の方が多くのことをするのだ。

六　愛からなされるように見える行為で、実は肉的な情愛からなされるものがしばしばある。

七　真の愛を有する者は、何びとをもねたまず、何事にも自利を求めず、ただあらゆることのうちに神の栄光がますますあらわれることを願う。

八　彼は善なるものを何一つ人に帰せず、神にのみ帰する。あらゆるよいものは泉からわき出るように神から流れいで、すべての聖徒は最終の目的地に憩うように神の中に喜んで安んじるのだ。

九　ああ、人が真の愛の一つのひらめきをだに持つならば、彼はあらゆる地上のものがむなしさに満ちていることを必ず納得《なっとく》するであろう。

第一六章　愛をもって他人の欠点を忍ぶべきこと

一　自分または他人のうちにある改めにくいものは、神が適当な処理をなさる時まで、辛抱強く我慢すべきである。

二　それはおそらく自分の忍耐をためすのに有用なのであろうと思うがよい。忍耐がなければあらゆる功徳も値いが少ないからだ。

三　しかしながら、そのような試練に出会った時には、神の助けによってそれを柔和に忍び得るよう祈らねばならぬ。

四　もし一、二度忠告しても改めようとしない人があったら、その人と争ってはならない。ただ彼を全く神に委ねて、神のみ旨がなされ、神がそのすべてのしもべらによってあがめられたもうよう願うがよい。神は悪から善を引き出すことをよく知っておられるからだ。

五　他人の欠点や弱点に対しては、それが何であるにせよ、努めて忍耐強く寛大であるがよい。あなたも他人が耐え忍ばねばならぬようなものを事実において多く持っているからである。

六　もし自分が自分自身を思いのままになし得ぬとしたら、どうして他人を自分の好むままにすることを期待し得よう？

七　わたしたちは他人が完全であることを望み、しかもわたしたち自身の欠点を改めようとしない。

八　他人がきびしく懲《こら》しめられるのは見たがるが、わたしたち自身が懲しめられることは望まない。

九　他人が勝手な行動をとると不快になるが、自分が制限を受けることは欲しない。

一〇　そのようにわたしたちが自分を量《はか》る秤《はかり》をもって他人を量っていないことは明らかである。

一一　もし万人が完全であったら、神のために他人の苦しみを忍ぶ必要がどこにあろうか？

一二　しかし今神は、わたしたちに「互に重荷を負い合う(ガラテヤ六・二)」べきことを学ばせようとして、これらのいっさいのことをお定めになった。なぜなら一人として重荷のない者はなく、一人として自足している者もないからだ。だから、わたしたちはあらゆる試練と逆境との中で互に助け合わねばならない。

第一七章　修道生活について

一　平安のうちに他の人々と和合して生活しようとすれば、多くの事がらにおいて自分の意志を打破することを学ばねばならぬ。

二　修道院や教団の中に住み、しかもそこで不平なく暮らすのは、決して容易なことではない。

三　そこでよい生活を送り幸福にその生涯を終えた人は幸いである。

四　もし自分が修道士になりたいと思うならば、キリストのために愚かな者とみなされる覚悟をしなければならぬ。

五　聖衣や剃髪も、言行の改変と情欲の克服とを伴なわないかぎり、益するところが少いであろう。

六　修道生活の中に純粋に神と自分の魂の救いとを求めないで他の何物かを求める人は、そこに悲哀と労苦しか見いださないであろう。

七　また「一ばんあとになり、みんなに仕える者(マルコ九・三五)」になろうと努めない者は、そこに長く安んじて留まることはできない。

八　自分がここに来たのは、奉仕するためであって支配するためではないのだから。

九　自分はここに苦難と労働とのために招かれたのであって、怠惰と雑談とに時を費すために来たのでないことを知らねばならぬ。

一〇　ここの修道生活では、人は炉の中で吹き分けられるようにためされるのだ。

一一　神を愛するため全心をもって自分を卑下しようとしないかぎり、ここにとどまることはできない。*

* ここでホロートが見習修道期間に書いた日記の部分は終る。これから第一巻の終りまでは日記でなく、一連の講話である。

第一八章　聖なる教父たちの模範について

一　真の完徳の原型であった聖なる教父たちのあざやかな模範を見あげるがよい。そうすれば、あなたはわたしたちの現にしていることが小さくてほとんど取るに足らないことを悟るであろう。

二　ああ、彼らの生活にくらべる時、わたしたちのそれは、果して何ものであろうか?

三　聖徒たちや神の友らは、飢えと渇き、寒さと裸、労働と疲労、徹夜と断食、祈禱と聖なる黙想、迫害と多大の非難等の中にあって、主に仕えた。

四　ああ、いかに多くの痛ましい患難を、使徒や殉教者や信仰告白者や童貞者やその他キリストの足跡に従おうと志したすべての人は甘受したことであろう!

五　というのも、彼らはこの世における自分の生命をにくみ、それを永遠の生命にまで引き上げようとしたからである（ヨハネ一二・二五）。
六　ああ、いかに厳格な生活を聖なる隠者たちはしたことであろう！　いかに痛ましい誘惑を彼らは受けたことであろう！　いかに多くの熱い祈りを彼らは神にささげたことであろう！
七　いかに峻厳《しゅんげん》な禁欲を、彼らは実行したことであろう！　いかに絶大な熱意を、霊的進歩のために示したことであろう！　どんな苦闘を、自分の短所根絶のために敢《あえ》てしたことであろう！　いかに純真な志向を、神に対していだいたことであろう！
八　彼らは昼は労働し、夜は内なる祈りに参じた。戸外で働いている時にすら、無言の祈りを怠らなかった。
九　彼らはその全部の時間を有益に過ごした。神への奉仕に当てられたそれぞれの時間が、彼らにはあまりに短く思われた。また冥想の時に多大の楽しみを感じたため、肉体の要求を忘れることがしばしばであった。
一〇　彼らはいっさいの富と地位、名誉と慰め、朋友《ほうゆう》と親戚を放棄し、この世に属するものは何一つ持つまいと願った。
一一　肉体に仕えることは、それが必要である場合にも、彼らを痛ましめ悲しましめた。
一二　外的には欠乏を感じたが、内的には神よりの慰めによって活気づけられた。
一三　彼らは、この世では異邦人であったが、神とは親密な友であった。
一四　自分には取るに足らぬ者と思われ、この世ではあわれむべき者と見られたが、神の目には尊い選ばれた友であった。
一五　彼らは謙遜に生きながらえ、従順に日を過ごした。

一六　また愛と忍耐とに歩んだので、霊的に日々進歩した。
一七　わたしたちは彼らの聖なる模範に従うべきであって、大多数の生《なま》ぬるい修道者らにならうべきではない。
一八　ああ、教団の創立当初は、あらゆる修道者の霊的熱意がいかに大きかったことか！
一九　ああ、彼らはその祈りにおいていかに熱烈であったことか！　徳を得ようとしていかに真剣に努力したことか！　規則を守るのにいかに厳格であったことか！　そのころは敬虔と正規な服従とが栄えたのであった。
二〇　彼らがあとにのこした記録と模範とは、彼らがいかに聖徒らしい生活をしたかを今なおお立証している。
二一　だのに、今では規則に違反しない者が一人でもあると、何かおおごとでもあるかのようにみなしている。
二二　ああ、わたしたちの時代の軽薄さよ、わたしたちが当初の熱心からかくも速やかに離れ去ってしまおうとは！
二三　わたしたちの怠慢と微温とのゆえに、生きることは退屈になり、わたしたちは徳に進歩しない。
二四　外観においてこの世から離れているわたしたちが、どうか、内的にもこれらの初期の教父たちに似る者となるように。それというのも、わたしたちは篤信な人々のすぐれた模範を多く見て来たからである。

第一九章　よき修道者の修行について

一　よい修道者の生活は、あらゆる徳をもって飾られるべきものである。というのは彼の内部が、人の目につく彼の外部のようになるということだ。

二　実際わたしたちは外側に表われているよりもいっそう内側が完全でなければならぬ。神はわたしたちの心を見分けられるかたであり、わたしたちはどこにいてもこの神を至上者としてうやまい、そのみ前に天使のように純潔な歩みをすべき者であるから。

三　わたしたちは毎日自分のよい決意を新たにし、この日を自分の入信の最初の日とみなして熱意をかき立て、次のように言うべきである。

四　「おお主なる神よ、わたしを助けてよい決意をなさしめ、あなたの聖なる務めを行なわせてください。また今までなんのなすところもなかったわたしに、きょう全く新たな出発を許してください」

五　わたしたちの決意に応じてわたしたちの進歩はなされるであろう。そして大いに進歩したいと思う者は大いに勤勉でなければならぬ。

六　固い決意をした人でも失敗することがしばしばあるのに、まれにあやふやな決断しかしない人が何をなし得るであろうか？

七　いろいろの事情によってわたしたちは自分の決意を捨てがちである。だが霊的修行を怠って、なんらかの損害を受けぬことはほとんどない。

八　よい修道者は、その決意を持続するために、自分の知恵よりも神の恵みにより頼む。何事をなすにも常に神を頼みとする。

九　事を企てるのは人であり、事を成すのは神である。人の道は自分の手の中にはないのである（箴言一六・九、エレミヤ一〇・二三）。

一〇　あわれみの行為や兄弟への親切のためならば、時としておきまりの修行を中止しても、あとでたやすく取りかえすことができる。

一一　しかし怠惰や疲労のために、それを省《はぶ》いたとしたら、それこそ大いに咎められるべきであり、わたしたちにとっても有害であろう。

一二　たといわたしたちが自分の最善を尽したとしても、なお多くのことに失敗するかも知れない。

一三　とはいえ一定の決意をすることは常に必要である。わたしたちの進歩を最も妨げるさまざまの欠点に対しては特にそうである。

一四　わたしたちの外的および内的生活は、いずれもこまかく点検吟味されねばならぬ。わたしたちの進歩はそれに基づくことが多いからだ。

一五　もしあなたが不断に自分を省みることをなし得ぬとしたら、せめて時々でもそれをするがよい。少なくとも一日に二度、すなわち朝と夜とになすべきである。

一六　朝は決意を定め、夜は行為を省み、その日一日、言葉と行いとにおいていかに行動したかを考えるがよい。あなたはそれらのことで神と隣人とに罪を犯したかも知れないからだ。

一七　悪魔の邪悪に挑戦する兵士として自分を備えよ。あなたの不節制を統御せよ。そうすればあなたは肉のあらゆる性向にたやすく打ち勝ち得るであろう。

一八　決して全き無為に陥ってはならぬ。読むか、書くか、祈るか、黙想するか、何か有用なことを公共のためになすべきである。

一九　しかし肉体の修行は、適宜《てきぎ》に行い、万人一様にすべきではない。

二〇　すべての人に共通していないことは公然と行なってはならぬ。そのようなことは個人的にするのが安全である。

二一　とはいえ、あなたの個人的な勤行のために、共通の修行を怠らぬように注意すべきである。

二二　しかしあなたに命じられ課せられたすべてのことを十分忠実に果たして、なお多少の余裕があったならば、その時をあなたの個人的な勤行に用いるのは差しつかえない。

二三　万人が同じ修行をすることはできない。或ることはこの人に適し、他のことはかの人に適している。

二四　また季節の変化に応じて異なる修行が適当になる。或るものは聖日にふさわしく、他のものは平日にふさわしい。

二五　或る種の修行は試練の日に必要であり、他の種のものは平穏の日に必要である。

二六　或ることは悲しみの時に黙想したいし、他のことは主にあって喜んでいる時にしたい。

二七　主要な祝祭のころは敬虔の修行を新たにし、聖徒のとりなしをいっそう繁く求めねばならぬ。

二八　一つの祝祭から他の祝祭までは、あたかも次の祭日にはこの世を去って永遠の祝祭におもむくかのような思いをもって生きる決意をすべきである。
二九　だから、わたしたちは聖なる季節の間、真剣に自分を備え、いよいよ敬虔に生き、神の御手から労苦の報いを受ける日も近いかのように、あらゆる責務を正確に果たすべきである。
三〇　そしてこの報いが延ばされたならば、わたしたちはまだ準備が足らず、定められた時にわたしたちに現わされるべき大いなる栄光を受けるにふさわしくない者であることを自覚し、そのあいだにわたしたちの臨終のための備えを十分するように努めねばならぬ。
三一　キリストは言われた「主人が帰ってきた時、そのようにつとめているのを見られるしもべは幸いである」
三二　「よく言っておくが、主人はそのしもべを立てて自分の全財産を管理させるであろう（ルカ一二・四三、四四）」

第二〇章　孤独と沈黙とを愛すべきこと

一　適当な時を求めてあなた自身に立ちかえり、神の恵み深い恩顧をしばしば黙想するがよい。
二　あなたの好奇心を満足させるにすぎないような読書をやめよ。
三　そして精神にむなしい幻影を満たす書物よりも、心に信仰を呼び起こすものを読め。

四　もしあなたが軽薄なおしゃべりや無益なそぞろ歩きや雑談を聞くことなどから身を引くならば、聖なる黙想のために十分でかつ適当な時を見いだすであろう。
五　多くの聖徒たちはできるだけ人との交際を避けて、退いて神に仕えることを選んだ。
六　或る異教の師は言っている、「わたしは人中に出るごとに、前より劣った者となって帰って来た（セネカ書簡七）」
七　これと同じことをわたしたちは雑談に長時間を費すたびにあまりにもしばしば経験する。
八　言いすぎをしないよりも、全然沈黙を守る方がたやすい。
九　外で自分を十分守り通すよりも、家にとどまっている方が容易である。
一〇　誰でも内的生活を進め、霊的になりたいと思う者は、イエスと共と群衆から離れねばならぬ。
一一　喜んで隠退している人でなければ、安全に公衆の前に出ることはできない。
一二　沈黙の価値を知る人でなければ、安全に語ることはできない。
一三　進んで謙遜な部下となる人でなければ、適当な上役になることはできない。
一四　進んで服従する人でなければ、安全に命令することはできない。
一五　内部に良心のあかしをもつ人でなければ、安全に喜ぶことはできない。
一六　聖徒たちは神を恐れることのうちに自分の安心を見いだした。多大の徳や恵みを授かっていても、つつしみや謙遜を失うようなことはなかった。
一七　しかし悪人の安心は高慢とうぬぼれから始まり、自己欺瞞に終るものだ。
一八　あなたはいかに善良であるようでも、この世で安心をうけ得ると思ってはならぬ。

一九　人から最も高く評価される人は、自分でも過度の自信と安心とをいだくために、しばしば最も多くの危険にさらされるものだ。

二〇　であるから大多数の人は、誘惑から全くのがれるよりも時々それにおそわれる方が有益である。これは彼らがあまり自分を安全だと感じて、傲然と思い上ったり、外部の慰めに身を委ねたりしないためだ。

二一　ああ、過ぎゆく喜びを追い求めず、この世のものに心を煩わされぬ人は、いかに平安な良心を保ち得ることであろう！

二二　ああ、すべての無益な心づかいを追いやり、聖にして益あることのみを思い、全き信頼を神におく人は、いかに大きな平安と静寂とを味わい得ることであろう。

二三　人は聖なる悔い改めを励んで行わないかぎり、天の祝福にあずかることはできない。

二四　心の悔い改めを望むならば、「床の上で静かに自分の心に語りなさい（詩篇四・四）」としるされているように、あなたは自分の密室にはいり、世のさわがしさを避けるべきだ。

二五　あなたは外でしばしば見失っているものをあなたの庵室で見いだすであろう。

二六　私室にとどまる習慣をつくれば、それは楽しみになるが、そこにまれにしかいなければ、倦怠を覚えるものだ。

二七　回心の当初に私室にとどまる習慣をつけ、それをよく守れば、それはあとであなたの親愛な友となり絶大な慰めとなるであろう。

二八　沈黙と安静な孤独との中で敬虔な魂は徳に進み、聖書の奥義を悟ることを学ぶ。

二九　そこでは涙がとめどなく流れ、夜ごとにそれに浸って魂を清めるであろう。これはその造り主に近づくにしたがい、いっそう世の騒がしさから離れて生きるためである。

三〇　それというのも、すべての友人親戚から身を引いた人に、神はその聖なる天使たちと共に近づいてこられるからだ。

三一　自分のことをなおざりにして奇跡を行なうよりも、隠退の生活をして自分の救いに心する方が有益である。

三二　たまにしか外出せず、人ごみを避け、人から見られるのを好まないのは、修道者として称賛すべきことだ。

三三　なぜあなたはあなたの持つべからざるものを見ようとするのか？「世と世の欲とは過ぎ去る（第一ヨハネ二・一七）」

三四　時々あなたは官能の要求に駆られて外にさまよいでることがあるが、時が過ぎてあなたが持ち帰るのは重荷にあえぐ良心と取り乱した心以外の何ものであるか？

三五　喜ばしい門出はしばしば悲しむべき帰還をもたらし、楽しげな夜ふかしは嘆きの朝にかわる。

三六　あらゆる肉的な歓楽もその通りである。それは楽しげにはいって来るが、終りには悔恨《かいこん》と苦悩とをもたらす。

三七　あなたはここで見られない何ものかをよそで見ようとするのか？

三八　見よ、天と地とすべての元素とを。万物はこれらのものから造られている。

三九　あなたは日の下で永久に存続するものを、どこかで見ることができるのか？

四〇　あなたはおそらく自分を完全に満足させようと思うのであろう。だが、それは不可能である。

四一　たといあなたが万物を目の前でながめつくしたとしても、それはむなしい幻影に過ぎぬではないか(伝道一・一四)。

四二　天にいます神にあなたの目をあげるがよい。そしてあなたの罪と過失とのゆるしを祈るがよい。

四三　むなしいことを、むなしいものに委《ゆだ》ね、神があなたに命じられたことに心を向けるがよい。

四四　あなたの戸を閉じて、愛するイエスを迎え入れよ。

四五　彼と共にあなたの庵室《あんしつ》にとどまるがよい。あなたはほかのどこにもそれほど大きな平安を見いだすことはできないであろう。

四六　もしあなたがそこを去らず、世のうわさにも耳を傾けなかったならば、さらにまさされる平安のうちに自分を保つことができたであろう。

四七　だのに、あなたは時おり新奇なことを聞いて楽しもうとするので、その結果として心の不安に悩まされざるを得ないのだ。

第二一章　信仰の修練と心の悔い改めとについて

一　あなたが徳に長足の進歩をしたいと思うならば、神を恐れつつ日を過ごし、過度の自由を望まず、官能を規律の下に統御し、むなしい歓楽に身を委ねてはならぬ。

二　痛切な悔恨の悲しみに沈め。そうすれば信仰を見いだすであろう。

三　気ばらしが普通ぼんやりさせている多くのことを、悔恨はわたしたちに理解させる。

四　もし誰かが自分のみじめさとそのさらされている大きな危険とを正しく考慮し省察しつつ、なおもこの世にあって十分の享楽をなし得たとしたら、それは奇怪なことである。

五　わたしたちは心が軽薄で自分の過失に気づかぬため、魂の悲哀を感ぜず、泣くのが至当である時にも空笑《からわら》いをすることがしばしばある。

六　潔白な良心をもって神を恐れるよりほかに、どこにも真の自由や正しい喜びはない。

七　幸いなのは、心を乱すあらゆる妨げを取り去り、聖なる悔恨に心を打ち込む人である。

八　幸いなのは、自分の良心を汚しまたは重圧するいっさいのものを投げやる人である。

九　雄々《おお》しく戦え。習慣は習慣によってのみ打破され得るのだ。

一〇　もしあなたが他人を尊重する道を心得ていたら、他人も喜んであなたを尊重し、あなたのわざにかかわりあわぬであろう。

一一　他人の行為にかかわりあって心を労したり、目上の職務に立ち入ったりするな。

一二　常にまず自分自身に目を注ぎ、あらゆる親愛な友にもまして自分自身を特に訓戒せよ。

一三　人の知遇を得ないとしても、それを悲しむ必要はない。しかし神のしもべ、および敬虔な修道者にふさわしい善良賢明な振舞いをしないとしたら、それをこそ嘆かねばならぬ。

一四　人がこの世で多くの慰めを受けず、とりわけ肉的なそれを受けないことは、往々かえって有益であり安全である。

一五　しかし、わたしたちが神からの慰めを受けないか、またはたまにしか感じないとしたら、その責めはわたしたちにある。それはわたしたちが心の悔い改めを求めず、むなしい外的な慰めをさげすまないからだ。

一六　自分を神の慰めを受けるに足《た》らない者であると考え、むしろ多くの嘆きに値いする者であると思うがよい。

一七　人が全き悔恨の悲しみを味わうとき、全世界は彼にとって味気ない重苦しいものとなる。

一八　善良な人は悲しみ嘆くべき十分な理由を常に見いだす。

一九　自分と隣人とのどちらを考えてみても、この世では一人として苦難のない生活をなし得ぬことを、彼は知るからである。

二〇　そして徹底的に自分を反省すればするほど、いっそう悲しみ嘆くようになる。

二一　わたしたちは自分の罪と悪との中に正しい悲哀と内的悔恨との地盤を持ち、それにからまれて生きているので、魂の目を天上のものにあげることもできない。

二二　もしあなたが長く生きることよりも、まもなく死ぬことをしばしば考えるならば、あなたは自分の改善にいっそう熱心になるに違いない。

二三　またあなたが地獄や煉獄《れんごく》における未来の苦痛をもまじめに考慮するならば、あなたは喜んで労苦や悲痛に耐え得るであろうし、どんな苦行をも恐れぬであろうと、わたしは確信する。

二四　ところで、これらのことが心に徹せず、官能を喜ばすものを依然として好むために、わたしたちは冷淡とはなはだしい無頓着との中にとどまるのだ。

二五　わたしたちのあわれむべき肉体がつぶやきがちなのは、わたしたちが霊性に欠けているためであることが多い。

二六　だから主があなたに真の悔い改めの霊を与えてくださるよう謙遜に祈り、そして預言者と共に言うがよい、「ああ主よ、涙の糧をもってわたしを養い、涙をあふれるほど与えてわたしに飲ませてください（詩篇八〇・五（ラテン訳））」

第二二章　人生の惨苦を思うべきこと

一　どこにいてもどちらを向いても、神に心を向けないかぎり、あなたは不幸である。

二　事があなたの志や願い通りに行かないからといって、なぜあなたは心を悩ますのだ？

三　万事を自分の好むままに行う者は誰か？　それはわたしでもあなたでも、また地上の何びとでもない。

四　世にはなんらかの患難や苦悩をもたぬ人は存在しない、たといその人が国王であり、教皇であろうとも。

五　至上の幸運をもつ者は誰か？

六　精神の薄弱な思慮のない人は言うであろう、「見よ、あの人はいかに幸福な生涯を送ったことか、いかに富んだ、偉大な、力ある、成功した人であったことか！」と。

七　しかし、あなたの目を天上のすぐれた宝に向けよ。そうすればあなたはあらゆる宝の、むなしいことを悟《さと》るであろう。それらのものは心配と恐怖とをいだかずには所有されないから、すこぶる不確実であり大きな重荷となるのだ。

八　そのうえ人間の幸福は、現世の所有の豊かさにはよらない。適度のものさえあれば、ことは足りる。

九　まことにこの地上に生きることは、大きな惨苦である。

一〇　人が霊的になろうとすればするほど、この今の世は痛ましいものとなる。それは彼が人間本性の弱さと欠点とをいっそう強く感じ、いっそうまざまざと見せつけられるからだ。

一一　それというのも、飲食、起臥《きが》、休息、労働等、あらゆる自然の要求を満たすことは、すべての罪から解き放たれたいと望んでいる篤信な人にとって、実に大きな悲惨であり不幸であり苦痛であるからだ。

一二　また内的な人は、この世に肉体でながらえるかぎりやむをえぬものによって、はなはだしく重圧されるからだ。

一三　だから預言者はそれらのものから解き放たれることを敬虔に祈っていった、「ああ主よ、わたしをやむをえない苦しみから救いだしてください（詩篇二五・一七）」

一四　しかし災いなのは、自分のみじめさに気づかぬ人々である。またさらにいっそう災いなのは、このみじめな朽つべき人生に恋々としている人々である。

一五　それというのも、世には労働や物乞いによってその生存に必要なものをかろうじて得ていながら、この今の世に恋々としている者があるからだ。彼らは地上に生きながらえさえしたら、神をも神の国をも捨ててかえりみないのだ。

一六　ああ、そんなにも深く地的なものに没入し、肉につけるもの以外の何ものをも味わい得ぬとは、なんという不信、不虔な心であろうか！

一七　しかしながら官能のよこしまな奴隷であるこれらの人々も、ついには自分の恋々としたものがいかに汚れたむなしいものであったかを知って、ひどく悲しむ時が来るであろう。

一八　それに反して神の愛したもう聖徒たちやすべてキリストの篤信な友らは、肉を喜ばすものにも世に時めくものにも心をとめず、永遠にいますいと高き神にのみ彼らの希望と愛とを向けたのであった。

一九　また彼らはそのいっさいの願いを、永遠の見えないものに向かわしめ、見えるものへの執着が彼らを地上の滅びゆくものに引き下ろすことのないようにしたのであった。

二〇　ああ、親愛な兄弟よ、徳に進みゆく希望を失ってはならぬ。あなたはそのための時期と機会とを今でも持っているのだ。

二一　なぜあなたはあなたのよい決意を延ばそうとするのか？

二二　立って即時に始めよ。そして「今こそなすべき時だ、今こそ戦うべき時だ、今こそ自分を良くするのに絶好の時だ」と言え。

二三　事があなたの意に逆らい、あなたが苦難の中にある時こそ、まさに功徳を積むべき時なのだ。

二四　あなたは安息の地に入る前に、水と火との中を通らなければならぬ（詩篇六六・一二）。

二五　あなた自身に強圧を加えないかぎり、あなたは自分の悪徳に打ち勝つことはできないであろう。

二六　このよわい肉体をもって生きているあいだ、わたしたちは罪を犯さずにいることも、悲しみや痛みを味わわずに生きることもできない。
二七　わたしたちはあらゆる惨苦から免れて平和のうちに生きたいと思う。しかし罪を犯して潔白を失ったために、真の幸福をも失ったのだ。
二八　だから、わたしたちは、この不義が過ぎ去り、死ぬべきものがいのちにのまれてしまうため（第二コリント、五・四）、忍耐をもって神のあわれみを待ち望まねばならぬ。
二九　ああ、とかく悪に傾きやすい人間の本性はいかにもろいことか！
三〇　きょうあなたは罪をざんげし、あすそのざんげした同じことをくりかえす。
三一　今あなたは気をつけようと決意する。だがまもなく再び失敗し、あたかも決意などしなかったかのような振舞いをする。
三二　だから、わたしたちは、みずからへりくだり決して思い上ってはならない正当な理由を持っているのだ。わたしたちはかくもよわく気まぐれであるから。
三三　そのうえわたしたちは、神の恵みと絶大な努力とによってついに得ることのできたものを、他愛もなく失うことがある。
三四　ああ、かくも初めから生ぬるくなりかけているわたしたちは、終りにはどんなことになるであろうか！
三五　わたしたちの談話に真の聖化の徴候すら見えないのに、すでに万事が平和で安全であるかのようにみずから小成に安んじたとすれば、それはなんという災いであろうか！
三六　もし幸いにして将来自分を改善し徳に進み得る望みが多少でもあるとしたら、初心な新参者《しんざんしゃ》としてよい生活の訓練をうけ、再びきたえ直されることが、わたしたちにとって有益であろう。

第二三章　死について静思すべきこと

一　まもなく地上におけるあなたの最期《さいご》は来るであろう。であるから、あなたの魂の状態を考えてみるがよい。

二　人はきょう存在し、あす逝《ゆ》くのである（第一マカベ二・六三）。

三　そして彼は視界から去ると共に、たちまち人の心からも忘れ去られる。

四　ああ現在のことのみ考えて未来のために思いをいたさない人の心は、いかに鈍くかたくなであることか！

五　あなたはあたかもきょう死ぬ者のように、あなたのあらゆる行為と思想とを整理すべきである。

六　もしあなたが清らかな良心を持っていたら、死をそんなに恐れることはないであろう。

七　死からのがれるよりも、罪を避ける方がまさっている。

八　あなたはきょう良くならないならば、どうしてあす良くなることができよう。

九　あすのことはあてにならない。またあなたはあすまで生き延びられると、どうして知りえよう？

一〇　わたしたちがかくもわずかしかよくならないとしたら、長く生きてもなんの益があろう?
一一　ああ、長寿は必ずしもわたしたちを改善するとは限らない。むしろわたしたちの罪を増加することがしばしばである。
一二　わずか一日でも、この世でよい日をすごしたいものだ!
一三　多くの人は自分の回心以来の日を数える。ところで真剣な改善の実をほとんど結んでいないことがしばしばである。
一四　死ぬのが恐ろしいとしたら、長く生きるのはおそらくいっそう危険であろう。
一五　幸いなのは、常に死の時を目前におき、日々死の備えをみずからする人である(ベン・シラ七・三六)。
一六　もし誰かの死を目撃したら、自分もまた同じ道を行かねばならぬと思うがよい。
一七　朝のあいだは夕まで生きられないだろうと思い、夕が来たら翌朝のくることを保証するな。
一八　だから常に備えをし、死がいつ来てもあわてることのないように生活せよ。
一九　突然、予期せぬ時に死ぬ人が多い。「思いがけない時に人の子が来るからである(マタイ二四・四四)」
二〇　最期の時が来れば、あなたは過ぎ去った一生を全く別な思いをもって見始め、そして自分があまりにも怠慢で無謀であったことをこの上なく遺憾《いかん》に思うであろう(ソロモン五・六)。
二一　ああ、幸いなのは、死の時にかくありたいと思うような生き方を現に努めている人である!
二二　死にのぞんで、わたしたちに大きな確信を満たすのは、この世を全くさげすみ、訓練を愛し、苦行を実践し、徳に進むことを熱望し、心からすぐに服従し、自我を抑制し、神への愛ゆえにあらゆる逆境に辛抱強《しんぼうづよ》く耐えること等である。
二三　健康であるあいだあなたは多大の善をなし得るであろう。が病気になったら、どれだけのことをなし得るであろうか。

二四　病気によって心がよくなる人は少ない。またしばしば巡礼に出る人で清くなる人もまれである。

二五　友人や親戚に頼らず、あなたの救いのわざを将来まで延ばすな。そして人々が意外に早くあなたを忘れ去ることを記憶せよ。

二六　他人の助けに頼るよりも、今のうちに備えをし、なんらかの善行をあなたが逝く前に天国に届けておくがよい（マタイ六・一九、二〇）。

二七　もしあなたが今自分のために備えをしなかったならば、誰があなたの死後あなたのために備えをしてくれよう？

二八　今こそ最も貴重な時である（第二コリント六・二）。

二九　だのに、ああ、あなたは永遠の生命を獲得すべきこの時を有効に用いてはいない！

三〇　あなたが自分を改善するのに一日でも一時間でもほしいと思う時が、やがて来るであろう。しかし果たしてそれがあなたに与えられるかどうかはわからない。

三一　愛する者よ、あなたが常に聖なる恐れのうちに生き、死のことにたえず注意するならば、あなたはいかに大きな危険から自分を救い得ることであろうか。

三二　死の時が来た時、恐れるよりも喜び得るような生き方を今のうちに努めよ。

三三　今この世に対して死ぬことを学ぶならば、かの時キリストと共に生き始めるであろう。今すべてのものをさげすむならば、かの時キリストのみもとへ自由に行き得るであろう（ローマ六・八）。

三四　今苦行をしてあなたの肉体を懲《こら》しめるならば、かの時ゆるがない確信を得るであろう。

三五　ああ愚かな人よ、あなたは一日の生命すら請合《うけあ》えないのに、どうして長く生きたいと思うの
だ（ルカ一二・二〇）？
三六　いかに多くの人が同様に欺かれ、予期せぬまに肉体から奪い去られたことであろう？
三七　或る者は殺害され、或る者は溺死《できし》し、或る者は高所から墜落《ついらく》して頭を挫き、或る者は食事中
に死に、或る者は酒を飲みながら死んだことを、あなたはいくたび聞いたことであろう？　一人は焼
死し、一人は刺殺《しさつ》され、他の一人は謀殺されたではないか。
三八　かように死は万人の最後なのだ。「その日は過ぎゆく影にひとしい（詩篇一四四・四）」
三九　あなたの死後、誰があなたを憶《おぼ》えるであろう？　誰があなたのために祈るであろう？
四〇　愛する者よ、今のうちにあなたのなし得ることをするがよい。あなたはいつ死ぬかも知れな
いのだ。
四一　またあなたの死後、どんなことが起こるかも知らないのだ。
四二　今、まだ時のあるまに永遠の富を自分のために蓄えるがよい（ルカ一二・三三）。
四三　あなたの救いのほか何物をも思わず、神のことのほか何事をも顧みるな。
四四　今、聖徒をうやまい、その模範にならうことによって、自分のために友を作るがよい。そう
すればあなたが世を去るとき彼らはあなたを永遠の住まいに迎えるであろう（ルカ一六・九）。
四五　地にあっては異邦人また巡礼者であるとみずから思い、世俗の事がらに心を煩わすな（第一ペテロ
二・一一）。
四六　あなたの心を自由に保ち、神に向かって高くあげよ。「この地上には永遠の都はない（ヘブル一三・
一四）」

四七　あなたの霊が、世を去ったのち、主のみもとに喜ばしくのぼりゆくに足《た》る者とせられるよう、神に嘆きと涙とをもって祈りをささげよ。

第二四章　最後の審判と罪びとの刑罰とについて

一　万事につけて終末を望み、どうして審き主の前に立つべきかを思うがよい。彼の前には何物も隠れず、彼は賄賂《わいろ》に動かされず、どんな弁解をもきかず、正しい審判を行われるであろう。

二　ああ、浅ましい愚かな罪びとよ、あなたのあらゆる邪悪を知っておられる審き主になんと答えようとするのか、あなたは怒っている人の面前ですらいつもふるえあがるではないか。

三　あの審きの日、すなわち誰も自分を弁護してくれる人を見いだすことができず、各自が自分を弁護するのに大あわてをする審きの日のために、なぜあなたはみずから備えようとしないのだ?

四　あなたが生きている今のうちならば、あなたの労苦と涙とは実を結び、受けいれられ、あなたの嘆きは神にきかれ、あなたの悲しみは償なわれ清められるのだ。

五　危害を受けた時、自分の受けた害よりも与えた人の悪のためいっそう悲しむ人、自分を害した人のため進んで祈る人、その過失を心からゆるす人、自分が他人を害したらためらわずにゆるしを求める人、怒るより前にあわれむ人、自分にしばしば強圧を加え、努めて肉を霊に従わせる人、そういう忍耐強い人はこの世で絶大有効な浄罪《じょうざい》をしているのだ。

六　わたしたちの罪悪がきよめられるのを来世に期待するよりも、今のうちに罪を断ち切り、悪に打ち勝つ方がまさっている。

七　実際わたしたちは肉に対する不当な愛のゆえに、わたしたち自身を欺いている。

八　やがて、かの火が焼き尽すのは、あなたの罪でなくしてなんであろうか？

九　あなたが自分を甘やかして肉の願いを満たすならば、そのためにあなたはあとでいっそうきびしい請求を受けるであろうし、またさらに多くの薪をその火のために積むことになるであろう。

一〇　人は犯した罪の性質に応じて、それだけきびしく罰せられるであろう。

一一　無精《ぶしよう》な者は焔の槍をもって追い立てられ、満腹する者は堪えがたい飢渇《きかつ》に責めさいなまれるであろう。

一二　不潔な者や罪の快楽を愛する者は、燃える瀝青《チヤン》と悪臭を放つ硫黄《いおう》とをあびせかけられ、嫉妬《しつと》深《ぶか》い者は苦痛のあまり狂暴な犬のようにほえたけるであろう。

一三　その時には一つの罪もそれ相応の呵責《かしやく》を受けずにはすむまい。

一四　そこでは高ぶる者は極度の恥じを満たされ、むさぼる者は恐るべき窮乏に悩むであろう。

一五　あの世における苦痛のひとときは、この世におけるきびしい苦行の百年よりもなおつらいであろう。

一六　そこでは罰せられる者になんの休息も慰めもない。が、ここでは時おり労苦と悲しみから解かれることも、友から慰めを受けることもあり得る。

一七　審きの日に、恵まれた人々の群に安んじて恐れなく立ち得るため、今あなたの罪を悲しみ、かつ悔い改めるがよい。

一八　なぜなら、そのとき正しい者は、自分をいじめ虐《しいた》げた人々に対して断乎として立つであろうからである（ソロモン五・一）。
一九　今へりくだって人の審きに服している者は、そのとき他人を審くために立つであろう。
二〇　貧しい謙遜な人は、そのとき絶大な確信を得るであろうし、高慢な者は八方から恐怖に襲われるであろう。
二一　その時、神のために愚者となってさげすまれることを学んだ人は、この世における賢者であったことが明らかになるであろう（ソロモン五・三－五）。
二二　その時、忍んで受けたすべての悩みはわたしたちを喜ばせ、「もろもろの不義はその口を閉じる（詩篇一〇七・四二）」であろう。
二三　その時、すべての敬虔な人は喜び、不虔な者は嘆くであろう。
二四　その時、節制した肉体は、いつも歓楽に浸っていたときよりも喜ぶであろう。
二五　その時、さげすまれた着物は光り輝き、高価な衣服はきたなくなるであろう。
二六　その時、みすぼらしい小屋は、きらびやかな宮殿よりも称賛されるであろう。
二七　その時、たゆまぬ忍耐は、この世のあらゆる権力よりも効果があるであろう。
二八　その時、単純な服従は、この世のあらゆる巧智よりも尊ばれるであろう。
二九　その時、潔白な良心は、該博《がいはく》な哲学よりも大きな喜びをもたらすであろう。
三〇　その時、富の軽蔑は、地上のあらゆる財宝にまして重きをなし、また役立つであろう。
三一　その時、敬虔な祈りは、甘美な飲食にまして慰めと喜びとを与えるであろう。
三二　その時、沈黙を守ったことは、長談義に耽ったことよりも喜びとなるであろう。

三三　その時、よい清らかな行いは、美しい言葉よりも効果があるであろう。
三四　その時、きびしい苦行の中で過ごした苛烈な生活は、地上のあらゆる歓楽にまして価値があるであろう。
三五　今いささかの苦痛を忍ぶことを学ぶがよい。そうすれば、その時あなたはさらに痛ましい苦悩からのがれることができるであろう。
三六　のちにどれほど耐え得るかを、まずここでためしてみよ。
三七　今こんなわずかなものに耐え得ないで、どうしてそのとき永劫《えいごう》の呵責に堪え得られようか？
三八　今のわずかな不自由にすらいらいらするとしたら、その時の地獄の苦痛はいかばかりであろうか？
三九　実際あなたは二つの喜びを、すなわちここで安楽に暮すことと、のちにキリストと共に支配することとを兼ねることはできない。
四〇　たといあなたがきょうまで豪奢と栄華とにたえずふけって来たとしても、この瞬間に死んだとしたら、それらのすべてがなんの役に立つのだ？
四一　であるからいっさいは空なのだ、神を愛し、ただこれにのみ仕えまつることのほかは（伝道一・二　申命一〇・一二）。
四二　なぜなら心を尽して神を愛する者は、死をも地獄をも刑罰をも恐れず、全き愛は誤りなく神に近づかせるからだ。
四三　しかし罪の快楽にふける者が死と神の審きとを恐れるとしても、なんの不可思議なことがあろうか？

四四　とはいえ神への愛があなたの悪を抑《おさ》えないとしたら、少くとも地獄への恐れがあなたを制するのは、よいことである。

四五　しかし神を恐れることをなおざりにする者は、よい生活を長く続けることができず、たちまち悪魔のわなに陥ってしまうであろう。

第二五章　わたしたちの全生活を熱心に改善すべきこと

一　目を覚まし、励んで神に仕えよ。そして時おり、なぜ自分はここ（修道院）に来たか、なぜ世を捨てたかを考えてみよ。

二　あなたがここに来たのは、神のために生き、霊的な人になるためではなかったか？

三　それなら徳に進むことに励むがよい。ほどなくあなたは自分の労苦が報いられ、死の時に恐れも悲しみもしないであろう。

四　今わずかな労苦をするならば、やがて大きな休息を、しかり、永遠の喜びを見いだすであろう。

五　あなたが忠実熱心に徳行を積むならば、神も必ず忠実豊富にあなたに報いたもうであろう。

六　だから、あなたは最後の救いに到達することを堅く望むべきである。が、それに安心して怠惰と無精と高慢とのとりこになってはならぬ。

七　自分の救いについて恐怖と希望とのあいだをしばしばさまよい、不安に閉されていた人があった。或る日教会の聖壇の前で祈っていた時、深い悲しみに襲われ、心の中で次のようなことを考えた。「ああ、わたしが終りまで徳行をつづけ得るかどうかを知ることとさえできたら！」

八　すると、たちまち心の中に神の答えが聞こえて来た。「それが知れたら、いったい、どうしようというのだ?」

九　「その時しようと思うことを今するがよい。そうすればあなたは全き平安を得ることができよう」

一〇　この霊感に力づけられ慰められて、彼が自分を残りなく神のみ旨《むね》に委ねた時、彼の不安な動揺は止《や》んだ。

一一　また彼は、将来彼の上にどんなことが起こるかを知ろうとする物好きな穿鑿《せんさく》をやめて、むしろ善行を始めかつ仕遂げる場合、神のみ旨がどこにあるかを知ろうと努めた。

一二　預言者は言った、「主に信頼して善を行え。そうすればあなたはこの国に住んで、安きを得る（詩篇三七・三）」

一三　多くの人の霊的進歩を妨げている一事がある。それは霊の戦いにおいて自分の出会う困難を恐れることだ。

一四　しかし最も困難な最も自分の性向に反することを克服しようとして激しく戦う人こそ、常に徳に最大の進歩をするのである。

一五　なぜなら人が最大の克己《こっき》をし自分の意志を抑制するところに、最大の改善と豊かな恵みとはかちえられるからだ。

一六　しかしすべての人が、克服し抑制すべきものを同様に持っているとは限らない。

一七　誰でも勤勉で熱心な人は、たとい彼の克服すべき情欲が強く困難が大きくても、まされる気性と性格とをもつ熱の足らない人よりも、はるかに大きな進歩を徳に関してなし得るであろう。

一八　多大の改善をするのに特に助けとなるものが二つある。すなわち、生れつき非常に心をひかれやすい事物から強《し》いて自分を引き離すこと、自分に最も欠如《けつじょ》している恵みを得ようとして熱心に励むこと、これである。

一九　他人の欠点であなたを最も不快にするようなことを、あなたは特に回避し克服するように努《つと》めねばならない。

二〇　あらゆるものからなんらかの益を得るように努め、もしなんらかのよい模範を見たならば、それにならうように試みるがよい。

二一　しかしなんらかの非難すべきものを見たならば、同様なことを行わぬように注意し、時として、それを行なったならば、速やかに自分を改めることに努めるがよい。

二二　あなたの目が他人を見ているように、あなたもまた他人から見られているのだ。

二三　ああ、熱誠篤信な兄弟が見事なふるまいをし万事に秩序正しいのを見るのは、いかに楽しくこころよいことか！　また他の兄弟がふしだらな生活をし自分の召されている事がらをすら行なわないのを見るのは、いかに悲しく痛ましいことか（詩篇一三三・一）！

二四　ああ、彼らが自分の召された良い目的をなおざりにして自分に委ねられもしないことに心を向けるのは、いかに有害であることか！

二五　あなたがここに来た目的を心にとめ、あなたの目前に十字架につけられたイエスのみ姿を常に置くがよい。

二六　あなたはイエスの生涯を静思する時、神への道を長いあいだたどりながらまだ十分イエスに合致していない自分を見いだして恥かしく思うはずだ。

二七　わたしたちの主の至聖なる生涯と苦難とにならおうとして熱心敬虔に自分を鍛錬する修道者は、そこに自分の要するいっさいの有益なものが豊かにあるのを見いだすであろう。彼はイエス以上にすぐれた模範を求める必要はないのだ。

二八　ああ、十字架につけられたイエスがわたしたちの心に来られるならば、わたしたちはいかに速やかにまた完全に教育されることであろう！

二九　善良熱烈な修道者は、自分に課せられたいっさいのことを喜んで忍びかつ受けいれる。

三〇　しかし生《なま》ぬるい怠惰な修道者は、患難《かんなん》に患難を重ね、あらゆる方面から苦悩を招く。彼は自分の内に慰めを持たず、外からそれを求めることも禁じられているからだ。

三一　規律に背《そむ》いた生活をする修道者は、嘆かわしい堕落《だらく》にみずからをさらす。

三二　独立を欲求して規約を無視する者は、いつも不安のうちに生きるであろう。あれやこれやと気に入らぬことが起こるからだ。

三三　他の多くの修道者たちがいかに生き何をするかを見るがよい。彼らが修道院に閉じこもってどんな厳格な規律に服しているかを見るがよい。

三四　彼らは、たまにしか外出せず、世から離れて生活し、粗食をとり、粗衣をまとい、多く働き、少なく語り、早く起き、晩《おそ》くまで眠らず、祈りを続け、読書を常にし、きわめて厳格に自分を律《りっ》している。

三五　シャルトルーズ会や聖ベルナルド会の修道士、その他さまざまの修道士、修道女を見よ。彼らは毎晩いかに起き出でて神をあがめ、その栄光をほめたたえていることか。

三六　そんなに多くの修道士、修道女の群れがわれらの主にすでに讃歌をうたい始めた時、あなたが聖なる礼拝を怠るのは恥であり不面目ではないか。

三七　ああ、わたしたちの心と口とをもって常にわれらの主なる神をほめたたえるほか、なすべきことがなかったら！

三八　飲食や睡眠をする必要もなく、常に神をほめたたえ霊的な事がらに専念することができたら！

三九　その時には、あれやこれやと肉体の要求に応ぜざるを得ない現状よりも、はるかに幸福であったであろう。

四〇　そのような要求が存在せず、ただ魂の霊的な糧《かて》――ああ、わたしたちはそれを味わうことがはなはだまれである――のみを思いたいものだ！

四一　どんな被造物にも慰めを求めぬ境地に達する時、初めて人は神を楽しみ始め、自分にふりかかるいっさいのことに安んじるに至るであろう。

四二　そのとき彼は多くのものを得ても喜ばず、わずかなものを得ても悲しまず、ただ全き信頼をもって神に自分を委ねるであろうし、神も彼にとっていっさいとなられるであろう。神のみ前には何物も死滅しない。なぜなら神にあって万物は生き、その聖なるみ旨に従って万物は神にお仕えするからである。

四三　常にあなたの終末を思い、失われた時が永久にかえらぬことをおぼえよ（ベン・シラ七・三六）。

四四　あなたは刻苦勉励しないで徳をかちえることはできない。

四五　だらしなく生ぬるくなりだすと、あなたは不安になり始めるであろう。

四六　しかし熱心に服務するならば、絶大な平和を見いだすであろう。また神の恵みと徳への愛に助けられてあなたの労苦はいっそう軽くなるであろう。

四七　忠実熱心な人は万事に備えができているものだ。

四八　肉体の労苦に骨折るよりも、罪の誘惑に逆らうのはさらに困難である。

四九　小さい過失に打ち勝たない人は、より大きな過失に次第に陥るであろう（ベン・シラ一九・一）。

五〇　一日を有益に過ごした時には、夕べに喜びがあるであろう。

五一　自分をみまもり、自分を励まし、自分を戒《いまし》めよ。そして他人に何事が起こっても、自分をゆるがせにしてはならない。

五二　自分に重圧を加えれば加えるほど、あなたはますます徳に進むであろう。アーメン。

第二巻

内的なものについての勧め

第一部　内的対話について

第一章　内的生活について

一　「神の国は実にあなたがたのただ中にあるのだ」と、主は言われる（ルカ一七・二一）。

二　だから、おお忠信な者よ、「心を尽して主に帰り（ヨエル二・一二）」、このみじめな世を捨てよ。そうすれば、あなたの魂は平安を見いだすであろう。

三　外のものを軽んじて内のものに身を委ねよ。そうすれば神の国があなたのうちに来るのを見るであろう。

四　「神の国は平和と聖霊における喜びとである（ローマ一四・一七）」それは邪悪な者には与えられない。

五　もしあなたがキリストのために適当な住まいをあなたの内に備えるならば、彼はあなたに来たり、その慰めをお授けになるであろう。

六　彼の喜ばれる栄光と美しさとは、すべてあなたの内にある。

七　彼はしばしば内的な人をおとずれ、非常な親しみをもってもてなし、うるわしい言葉を語り、折に合う慰めとくすしい平和とをお与えになる。

八　であるから、忠信な魂よ、この新郎が喜んであなたに来りあなたの内に住まわれるよう、彼のために心を備えるがよい。

九　なぜなら彼は「もしだれでもわたしを愛するならば、わたしの言葉を守るであろう。そしてわたしの父はその人を愛し、またわたしたちはその人のところに行って、その人と一緒に住むであろう（ヨハネ一四・二三）」と語っておられるからだ。

一〇　だから、キリストのためにみ座をつくり、他のすべてのものがはいって来るのを止《と》めよ。

一一　キリストを所有すれば、あなたは豊かになる。彼のみであなたは十分であるから。

一二　彼はあなたのためにすべてのものを備え、あなたのことを忠実に考慮されるから、あなたは人を頼りとする必要がないであろう。

一三　人は変りやすく、あなたを見捨てがちであるが、「キリストはいつまでも生きておいでになり（ヨハネ一二・三四）」、終りまであなたのかたわらに堅く立っておられるからだ。

一四　たとい有益親密な人であっても、はかない死ぬべき人間に大きな信頼を置いてはならない。また時として人があなたに反抗し衝突しても、深い悲しみに沈んではならない。

一五　きょうあなたの味方となっている者は、あすあなたの敵となるかも知れず、その反対もあり得る。人は天候のように変りやすいから。

一六　あなたの全き信頼を神に置き、神をしてあなたの恐れ、あなたの愛たらしめよ。

一七　神はあなたにこたえて万事を最善に取計らわれるであろう。

一八　「あなたはここ（地上）に永遠の都をもたない（ヘブル一三・一四）」どこへ行ってもあなたは異《い》邦人《ほうじん》であり巡礼者である。また内的にキリストと結びつかないかぎり、あなたは平安を得ることができないであろう。
一九　ここはあなたの安住の地ではないのに、なぜここに立ってあたりを見まわすのだ？
二〇　あなたの住まいを天上の事物のあいだに置き、あらゆる地上の事物を過ぎゆくものとして見るがよい。
二一　地上の万物は過ぎ去り、あなたもそれらのものと共に過ぎ去るのだ。
二二　それらに執着せぬように注意し、巻き込まれて滅び去らないようにせよ。
二三　あなたの思いを至高者と共にあらしめ、あなたの祈願をたえずキリストへのぼりゆかしめよ。
二四　もしあなたがいと高き天上の事物を静思し得ないとしたら、なつかしいイエスの苦難のうちに憩《いこ》い、そのみ傷のうちに住むことを願うべきである。
二五　愛するイエスのみ傷と苦難の尊いみしるしとに助けを求めるならば、あなたは患難の中で大きな力を覚え、人の侮辱をさほど気にとめず、そしる者の言葉をたやすく耐え忍ぶに至るであろう。
二六　なぜなら、キリストもこの世にあって人々から辱かしめられ、その苦しみの最も激しい時、知人と友人から見放されて、そしる者のただ中に置き去りにされたからだ。
二七　キリストは進んで苦しみと辱かしめとをお受けになったのに、あなたは同様な取扱いを受けて不平を言おうとするのか？
二八　キリストには敵と中傷者とがあったのに、あなたは万人を友とし恩人としたいと思うのか？
二九　あなたがなんらの反抗にもあわなかったとしたら、どうしてあなたの忍耐は栄冠をかちとることができよう？

三〇　あなたがわずかな反抗すら受けまいとするなら、どうしてキリストの友となることができよう?

三一　キリストと共に栄冠を受けたいと望むならば、キリストおよびあなたの隣人と苦しみを共にしなければならぬ。

三二　もしあなたがひとたびなつかしいイエスのみ心に深く徹し、その燃える愛の一端にでも触れ得たならば、あなたは自分の安危を顧みなくなるばかりでなく、自分のへりくだるべき時が来たのをかえって喜ぶであろう。イエスへの愛は人をして自分をさげすましめるからだ。

三三　真実熱心にイエスを愛する者は、過度の人情から解き放たれて心を自在に神に向かわしめ、霊を自分以上に高め、イエスのうちに喜んで憩《いこ》うのである。

三四　万事を世評や人の思わくによらず、その真価によって評価する人は、真に賢明な人である。彼の知識は人から来るよりもむしろ神から来る。

三五　内的生活をし、外的事物にさほど価値を認めない人は、敬虔の修行をするのに特殊の場所を求めたり、一定の時間を設けたりはしない。

三六　内的な人は、その全注意を外的事物に向けないので、たやすく心を集中することができるからだ。

三七　彼は外的な労働や必要な仕事に妨げられることはない。それらが起きれば、自分をそれらに順応させるからだ。

三八　自分の内部をよく整頓し正しく処理している人は、他人のさまざまな奇異な行為や性格に煩わされることが少ない。人はくよくよしてそれらに心を使うにつれて妨げと困惑とを覚えるものだ。

三九　もしあなたが心から正しくかつ内部を清められていたら、すべてのことは善に変り、あなたに益をもたらすであろう（ローマ八・二八）。
四〇　あなたがまだ自我に死に切らず、すべて地上のものから離脱していないから、多くのことがあなたを不快にし悩ますのだ。
四一　被造物への過度の愛ほど人の心を汚し、また乱すものはない。
四二　もしあなたが外からの慰めを捨て去るならば、あなたは天上のものを静思して、内的な喜びをしばしば味わうことができるであろう。

第二章　謙遜な服従について

一　誰があなたに味方しまた反対するかをあまり気にせず、ただ神があなたのするすべてのことにおいて、あなたと共におられるように注意し考慮するがよい。
二　潔白な良心を保て。そうすれば神は必ずあなたをお守りになるであろう。
三　神が助けようとしておられる人を、どんな邪悪な人もそこなうことはできない（ローマ八・三一）。
四　もしあなたがだまって忍び得るならば、あなたは神の助けを確実に味わうであろう。
五　神はあなたを救うべき道と時とを知っておられる。だから自分を神に任せるがよい。
六　あなたを助けすべての恥から解き放つことは、神のなさることだ。

七　人がわたしたちの過失を知ってわたしたちを非難するのは、わたしたちがよりいっそう謙遜を保つのにしばしば有益である。

八　人はへりくだって自分の過失を認めるならば、人の心をたやすく和らげ、また自分に怒りをいだいている者をなだめることができる。

九　神はへりくだる者を守り助け、愛し慰められる。そのような人に神はみ心を傾け、恵みを与え、その低くせられたところから栄光へと引き上げられる。

一〇　へりくだる者に、神はその奥義を示し、彼をやさしくご自身にひきつけられる。

一一　謙遜な人はさげすまれても辱かしめられても、なお自分の平和を保っている。彼は神により頼み、この世によりたのまないからだ。

一二　あなたは自分を他のすべての人より劣っていると思わないかぎり、徳に進んだと考えてはならない。

第三章　善良な平安な人について

一　まずあなた自身足《た》ることを知るがよい。そうすれば他人にも足ることを知らしめ得るであろう。

二　平安を愛する人は博学な人よりも人々にとって有益である。

三　平安をみだす人は善をも悪に変え、悪いことをたやすく信じる。

四　しかし平安な人はあらゆるものの中から善を引き出す。

五　真に平安な人は誰の悪をも思わない。だが、足ることを知らない怒りやすい人はさまざまの疑惑に苦しみ、自分も安んぜず他人をも安んぜしめない。

六　彼はしばしば言ってはならぬことを言い、しかもなすべき重要なことをしない。

七　彼は他人のなすべきことに注意を向け、彼自身のしなければならないことをゆるがせにする。

八　であるから、まずあなた自身のことに真実熱心であれ。そうすればあなたの隣人に対してもまた熱意を正しく働かせ得るだろう。

九　あなたは自分の行為については速やかに弁解し得るのに、他人の弁解は聞き入れようとしない。

一〇　むしろ自分を責め、他人のために弁解する方がはるかに正当であろう。

一一　もし他人にゆるされたいと思うならば、他人をゆるすがよい。

一二　そして自分に対するほか誰に対しても怒ったり立腹したりせぬ真の愛と謙遜から、あなたがまだどんなにかけ離れているかを知るがよい。

一三　善良な温和な人と交わるのは大した難事ではない。それはすべての人におのずと気持のよいことであるから。誰しも平安に暮らすことを喜び、自分と気の合った人を好むものだ。

一四　しかし頑固で剛情《ごうじょう》で不規律な人や、いつも自分の反対に立つ人と平安に暮らし得ることは、驚くべき恵みであり、最も称賛すべき雄々しい完徳である。

一五　世にはみずから平安であり、他とも平安を保つ人がある。

一六　またみずから平安でなく、他にも平安を保たせない人がある。後者は他に重荷となるのみでなく、自分に対して常にいっそう大きな重荷となる。
一七　また常にみずから平安を保つと共に、他にも平安な心を与えようと努める人がある。
一八　しかしこのみじめな人生においては、すべてわたしたちの平安は反抗から免れることにあるよりも、むしろ謙遜な忍耐のうちに見いだされるべきものだ。
一九　苦難に対して最もよく忍従する人こそ、最大の平安をうける人だ。
二〇　そのような人は自我の征服者、世界の主、神の友、また天国の世嗣《よつぎ》である。

第四章　純真な心と素朴な意図とについて

一　二つの翼によって人は地上の事物をこえて高くのぼる。素朴と純真とがこれである。
二　わたしたちの意図は素朴であるべく、わたしたちの願望は純真でなければならない。
三　素朴は神を思い神を望み、純真は神を味わい神を保つ。
四　もしあなたが内的に過度の欲望から解き放たれたならば、よいわざをするのになんの妨げも起こらぬであろう。
五　神の善意と隣人の福祉《ふくし》とのほか何者をも求めない時、あなたは内的な自由を得るであろう。
六　あなたの心が正しければ、すべての被造物は鏡のようにまた聖なる教えの書のように、あなたを益するであろう。
七　いかに小さく卑しくても、神の善意を反映しない被造物は存在しないからだ。
八　もしあなたが内的に善良純真であったならば、あなたはなんの妨げもなく万物を見かつ完全に理解するであろう。
九　純真な心は天国と地獄とに徹する。
一〇　各人は内心の状態に従って外部のものを判断する。
一一　もしこの世になんらかの喜びがあるとすれば、それはたしかに心の清い人のものである。
一二　また悲しみと不安があるとすれば、それを最もよく知るのは良心の汚れた人である。
一三　あたかも鉄が火の中に投げ込まれて、その錆《さび》を失い全く灼熱《しゃくねつ》するように、人も神に身をささげるならば、その前生涯をぬぐい去られ、新しい人に変るのである。
一四　人は生ぬるくなり出すと、わずかな労苦をも厭《いと》い始め、外部の慰めを熱心に求める。
一五　しかし自我を全く克服して神の道を雄々しく歩み出すならば、かつてはむずかしく考えていたことをも、たやすく思うようになる。

第五章　自己省察について

一　わたしたちは自分に頼み過ぎてはならない。みずから恵みを欠いていることがしばしばあるからだ。
二　わたしたちにはほのかな光しかないが、このほのかなものすら怠慢のゆえに失いがちである。
三　またわたしたちは自分が内的にいかに盲目であるかを実感することがはなはだ少ない。
四　わたしたちはしばしば悪を行なう。そしてさらに悪いことには、それを弁解する。またしばしば情熱に動かされ、それを熱心だと誤解する。
五　わたしたちは他人の小さい欠点を取り上げて、自分の大きな欠点を見すごしにする（マタイ七・三）。
六　わたしたちは他人から受ける害にはたちまち立腹し思い悩むが、他人がわたしたちからどれほど害を受けているかに思いいたらない。
七　自分の欠点を細心正確に計る人は、苛酷に他人を審《さば》かぬであろう。
八　内的な人は他のあらゆるものを考慮する前に、自分を反省する。
九　また正直に自分の生活を省みる人は他人についてたやすく沈黙を守る。
一〇　他人について沈黙を守り自分自身に心を用いないかぎり、あなたは決して内的で敬虔な人とはなり得ぬであろう。
一一　もしあなたが神とあなた自身とに全心を傾けるならば、外部で見聞することに心を乱されることはほとんどなくなるであろう。
一二　あなた自身に心を向けていない時、あなたはどこにいるのか？　また他のいろいろなことに心を労して自分をなおざりにした時、なんの得るところがあったか？
一三　もしあなたが平安と真の調和とを得たいと望むならば、万事を差し措《お》いて、ただあなた自身を目前に置くことが必要である。

一四　すべてこの世の配慮から自分を解き放つならば、あなたは大きな進歩をなし得るであろう。
一五　何かこの世のものに大きな価値を置くならば、あなたはいちじるしく停滞するであろう。
一六　神ひとりまたは神のもの以外の何物をも、あなたにとって偉大、重要、かつ快適ならしめてはならない。
一七　被造物からくる慰めは、なんであっても、すべて全くむなしいと思うがよい。
一八　神を愛する魂は、神以下のあらゆるものを軽んじる。
一九　永遠で測《はか》りがたく万物に満ちみちておられる神のみ、魂の慰めであり、心の真の喜びである。

第六章　潔白な良心の喜びについて

一　善人の喜びは、潔白な良心のあかしにある。
二　潔白な良心を保て。そうすればあなたは常に喜びをいだき得るであろう。
三　潔白な良心は、多くのことを堪え忍び、逆境の中にあってもはなはだ幸福である。
四　不正な良心は、常に恐れ、不安をいだく。
五　良心の呵責がない時、あなたは心よく安んじるであろう。
六　また正しいことをする時にのみ、あなたは喜ぶであろう。

七　邪悪な人は、真の幸福をもたず、真の平安をも味わわない。「悪いものには平安がない（イザヤ四八・二二
同五七・二一）」と、主が言われた通りである。
八　たとい彼らが「わたしたちは平安のうちにある。なんの災いもわたしたちにふりかからない」
と言ったとしても、彼らを信じてはならぬ。神の怒りがにわかに起これば、彼らのわざは無に帰し、

「彼らの思いは滅びる（詩編一四六・四）」からだ。
九　患難をも喜ぶことは、愛を行う人には困難でない。そのような喜びはわれらの主の十字架を喜
ぶことであるから（ローマ五・三、ガラテヤ六・一四）。
一〇　はかないのは、人の与えまたは受ける喜びである。
一一　この世の喜びには、常に悲しみが伴なう。
一二　善人の喜びは、その良心の中にあって、人の口先にはない。
一三　義人の喜びは、神から来、神の中にある。その喜びは真理から来る。
一四　だれでも真の永続する喜びを慕う人は、この世の喜びを意《い》に介《かい》しない。
一五　またこの世の喜びを求める人や、それを心から軽んじない人は、天上のものに大きな愛をいだかない。
一六　心に絶大な平安をうけるのは、人の非難や賞賛を意に介しない人である。
一七　良心の清純な人は、たやすく足《た》るを知り、自分の分に安じる。
一八　あなたはほめられたからとて清くならず、そしられたからとて悪くならない。
一九　あなたは所詮《しょせん》あなたであって、神の知っておられるままのあなたよりよい者になりおおせることはできないのだ。

二〇　もしあなたが内心の状態を十分省みるならば、人々があなたのことを言っても意に介しないであろう。

二一　人はあなたの顔を見るが、神はあなたの心を見られるからだ（サムエル上一六・七）。

二二　人はあなたの仕業を見るが、神はあなたの意図《いと》を見られる。

二三　常に善を行い、自分のことをあまり考えないのは、謙遜な魂のしるしである。

二四　被造物に慰めを求めないのは、多大の清純と神への内的信頼とのしるしである。

二五　自分のために外部の証言を求めない人は、神に全く身を任《まか》せているのだ。

二六　使徒は言っている、「自分で自分を推薦する人ではなく、主に推薦される人こそ、確かな人である（第二コリント一〇・一八）」

二七　神と共に歩み、外部から来るどんな情愛にもとらわれないのは、内的な人の状態である。

第七章　すべてのものにまさってイエスを愛すべきこと

一　幸いなのは、イエスを愛し、イエスを愛するために自分をさげすむことを知る人である。

二　彼を愛するには他のすべてのものを捨て去らねばならぬ。イエスはすべてのものにまさって愛されることを望みたもうからだ。

三　被造物への愛は、迷妄《めいもう》であり不安定であるが、イエスへの愛は真実であり永続的である。

四　被造物に執着する者は、それが倒れると共に倒れるが、イエスに帰依《きえ》する者は、永久に堅くとどまるであろう。

五　であるから彼を愛し彼を友として親しむがよい、すべての人があなたを捨て去っても、彼はあなたを捨てず、あなたが迷いでるのも、ついに滅びるのもお許しにならないであろう。

六　好むと好まないとにかかわらず、あなたはついにすべてのものから離れ去らねばならない。

七　生きるにも死ぬにも、イエスによりすがり、彼の信実を頼んで自分を任せるがよい。すべてのものがあなたを捨て去る時、彼のみはあなたの助け手となられるであろう。

八　あなたの愛する主は、その性質から言って、他の者と共にあなたの愛を分けず、あなたの心をもっぱらご自身にひきつけ、王としてその玉座に即《つ》かれるかたである。

九　もしあなたが被造物へのいっさいの愛からあなた自身を全く解き放ち得るならば、イエスは喜んであなたと共に住まわれるであろう。

一〇　イエスを愛するためでなくして、何ものかを人に与えるならば、あなたはそれが全き損失に等《ひと》しいことを見いだすであろう。

一一　風にそよぐ葦《あし》に頼ってはならない。「人はみな草で（イザヤ四〇・六）」、その栄光は草の花のように落ちてしまうからだ。

一二　人のうわべにだけ目をつけていると、やがて裏切られる時が来る。

一三　というのも、他人のうちに慰めと利益とを求めるならば、害を招くことがしばしばあるからだ。

一四　あらゆるもののうちにイエスを求めるならば、あなたは必ず彼を見いだすであろう。

一五　だが、もしあなた自身を求めるならば、あなたはそれを見い出すであろうが、それはあなたを滅ぼすだけだ。

一六　イエスを求めない人は、全世界とイエスのあらゆる敵とがなし得るよりもいっそう多くの害を自分に加えることになるからである。

第八章　イエスとの特別な友情について

一　イエスがあなたと共にいます時は、万事は都合《つごう》よく運び、何事も困難とは思われない。

二　しかしイエスが共にいまさぬ時は、あらゆることが難事となる。

三　イエスが内心で語りたまわぬ時は、外からのどんな慰めも無価値に等しい。

四　しかしイエスがひとことでも語りたまえば、わたしたちは絶大な慰めを覚える。

五　マグダラのマリアは、マルタが「先生がおいでになって、あなたを呼んでおられます（ヨハネ一一・二八ただし、このマリアはベタニアのマリアである）」と言った時、その泣いていた場所からすぐに立ち上ったではないか？

六　ああ、幸いなのは、イエスが涙から霊的な喜びへと呼び出される時である！

七　イエスと共にいない時、あなたはいかに潤《うるお》いなくかたくなになることか。彼以外の何者かを求める時、あなたはいかに愚かでむなしいことか！

八　それは全世界を失うよりも大きな損害をあなたに与えるではないか？

九　何をこの世はあなたに与え得るというのだ？

一〇　イエスから離れていることはみじめな地獄であり、イエスと共にいることは楽しい天国である。

一一　イエスが共にいますならば、どんな敵もあなたを害《そこ》なうことはできない。

一二　イエスを見いだす人は尊い宝を見いだすのだ。たしかにどんな善よりもよいものを。

一三　またイエスを失う人は、莫大なものを失うのだ。たしかに、全世界よりも多くのものを。

一四　どうしてイエスと語るかを知るのは大きな技術であり、どうして彼を引きとめるかを知るのは大きな知恵である。

一五　柔和で謙遜であれ。そうすればイエスはあなたと共におられるであろう。

一六　もしあなたがこの世のものに心を傾けるならば、たちまちイエスを追いやり、その恵みをも失うであろう。

一七　そうして彼を追いやり彼を失ったら、あなたは誰に助けを求め、誰を友にしようとするのか？

一八　あなたは友なしに仕合せに暮らすことはできない。もしイエスが誰よりも親しい友でなかったならば、あなたは非常に悲しく寂しくなるであろう。

一九　だから、あなたがイエス以外の誰かを頼みにするならば、それは愚かなことをするのだ。

二〇　イエスの怒りをひき起こすよりも、全世界を敵とする方がましである。

二一　すべての親友のうち、イエスを第一最愛の友とせよ。

二二　あらゆる人をイエスのために愛せよ、しかしイエスを彼自身のために愛せよ。

二三　イエス・キリストこそ特に愛されるに値いしている。彼のみすべての友にまさって善かつ忠なるかたであられるから。

二四　彼のため、また彼にあって、あなたは敵をも味方をも同様に愛し、彼らがすべて彼を知りかつ愛するように彼らのために祈らねばならぬ。

二五　あなたはことさらにほめられ愛されることを求めてはならぬ。それは比べもののない神にのみ属することであるから。

二六　またあなたは何人かがあなたに傾倒することも、あなたが何人かを熱愛することも、願ってはならぬ。ただあなたおよびすべての善良な人々のうちにイエスをあらしめるようにするがよい。

二七　内心を清く自由にせよ、そして被造物への愛にとらわれるな。

二八　主がいかにうるわしいかたであるかを味わおうと思うならば、あなたは潔白でなければならず、また清純な心を神にささげねばならぬ。

二九　また主の恵みがあなたを助けあなたをひきつけないならば、実際あなたはこの恵みに達することはできないであろう。そうなれば、あらゆるものから解き放たれ自由にされて、あなたは主にのみ結びつくようになるであろう。

三〇　神の恵みがくだるならば、人はすべてのことをする力を得る。

三一　この恵みが離れ去るならば、彼は貧しく弱くなり、ただ懲しめを受けるために取り残された人のように感じる。

三二　とはいえ、そのような場合にもあなたは決して失望落胆してはならぬ。むしろ平静に神のみ旨《むね》を受けいれ、われらの主イエス・キリストへの愛ゆえに、あなたにふりかかるいっさいのことを甘受すべきである。なぜなら冬のあとには夏が来、夜はかわって昼となり、風雨ののちには晴天が訪れるからだ。

第九章　あらゆる慰めを奪い去られることについて

一　神の愛が現にあるのを感じる時、人からの慰めをさげすむのは難事ではない。

二　しかし人からも神からも慰めが来ないにもかかわらず、神の栄光のため心の寂しさに堪え、何事にも自分の意志を求めず、自分の功徳を頼まずにいるのは、偉大なことである。しかり、きわめて偉大なことである。

三　神の恵みがくだる時、あなたが喜びと敬虔とに満ちていたからとて、偉大なことであろうか？まことにそのような時はすべての人の望むところである。

四　神の恵みに導かれる人は、非常に気持よくその道を駆けて行く。

五　また全能者に導かれ至上の案内者に手引きされる者が、疲れをすら覚えぬのに不思議なことがあろうか？

六　わたしたちはみな何か慰めになるようなものを求めたがる。しかも自我を脱却することは何人もたやすくできない。

七　聖ラウレンティウスとその司祭とは、この世に打ち勝った。彼はこの世で何より喜ばしく思っていたものをすべて軽んじ、キリストへの愛ゆえに彼の最も愛する主司祭セクストゥスが彼から奪い去られるのを辛抱強く堪え忍んだのであるから*。

八　彼は神への愛によって人への愛に打ち勝ち、人からの慰めよりもむしろ神の尊いみ旨《むね》を選んだ。

九　そのように、あなたもまた神への愛ゆえに最愛必須《さいあいひっす》の友をも捨て去ることを学ばねばならぬ。

一〇　一人の友から捨てられたからといって、さして落胆してはならない。ついにはわたしたちはみな互に離れ去るべきものであるから。

一一　人は自分を統御しすべての情愛を神に向けることを完全に学ぶまでは、長い困難な戦いを経験しなければならない。

一二　自分を頼みとするかぎり、人は人間的な慰めのとりこになりがちである。

一三　しかしキリストを真に愛する者、彼の徳に熱心にならう者は、そのような慰めに惑《まど》わされず、そのような楽しみを求めない。むしろキリストへの愛ゆえに激しい労役と辛い苦難とをえらぶ。

一四　であるから、神があなたに霊的な慰めをお与えになったならば、感謝をもって受けるがよい。しかし、それは神の賜物であって、あなたの功徳によらぬことを知るべきである。

一五　そしてみずから高ぶったり、あまり得意になったり、虚栄に流れたりせず、むしろ神の賜物によってあなたのあらゆる行為がいっそう謙遜に、慎重に、細心になるようにせよ。その平安はやがて過ぎ去り、誘惑があとにつづくからである。

一六　また慰めがあなたから取り去られても、すぐ失望してはならない。むしろ謙遜と忍耐とをもって天来の恩顧を待つべきである。神はさらに大きな慰めをあなたに返すことができるからだ。

一七　これは神の道を歩いた経験のある者には決して新奇なことではない。そのような一進一退はしばしば偉大な聖徒や預言者たちの運命でもあった。

一八　そのうちの一人は神の恵みを受けたとき叫んで言った、「わたしは満ちあふれたとき言った、わたしは決して動かされることはない（詩篇三〇・六―一一）」と。

一九　しかし、この恵みが取り去られたとき、彼は心の中でなんと感じたかを、付け加えて言った、「あなたがみ顔を隠されたので、わたしは怖《お》じ惑いました」

二〇　とはいえ、その場合にも彼は失望することなく、なおさら熱心に神に祈って言った、「ああ主よ、わたしはあなたに呼ばわります、わたしは神にひたすら祈ります」

二一　そして実際彼はききいれられ、その祈りの結果を受け取って、それを次のように言い表わした。「主はききいれて、わたしをあわれんでくださった。主はわたしの助けとなってくださった」

二二　だが、どのように彼は助けを受けたのであろうか？「あなたはわたしの嘆きを喜びに変え、また喜びをもってわたしを囲んでくださった」

二三　これが偉大な聖徒に起こったことであったとしたら、わたしたち貧しく弱い被造物が時として寂しさの中に置かれても、決して失望すべきではない。

二四　なぜなら、み霊《たま》はみ旨のままに往き来されるから。聖ヨブが「あなたは朝早く彼を訪ね、とつぜん彼を試みられる（ヨブ七・一八）」と言っている通りである。

二五　ただ神の大きなあわれみと天来の恵みへの希望とのほかに、何に自分の希望を打ち建て、何に自分の信頼をおくべきであろうか？

二六　たといわたしが善良な人や敬虔な兄弟や忠信な友と交わり、聖なる書や美しい文章を読み、たえなる聖歌や神々《こうごう》しい讃歌をきいても、もし神の恵みに見離され自分の貧しさの中に取り残されたとしたら、それらのすべてのものはほとんど助けにも慰めにもならない。

二七　そのような場合には耐え忍びつつ神のみ旨に自分を任せるほか、よりよい薬はないのである。

二八　どんなに霊的な篤信な人であっても、時に恵みの欠乏を経験せず、熱意の冷却を感じなかった人を、わたしはかつて見たことがない。

二九　どんなに高められ心を照らされた聖徒でも、おそかれ早かれ誘惑を受けなかった人は存在しない。

三〇　というのも、神への愛ゆえに、なんらかの患難によって鍛えられなかったような人は、高い冥想をするのに値いしないからである。

三一　先だつ誘惑は、あとに従う慰めの前兆である。誘惑によってためされる者に天来の慰めは約束されているのだから。

三二　主は言われる、「勝利を得る者には、わたしは命の木の実を食べることを許そう（黙示二・七）」と。

三三　神の慰めが与えられるのは、人が逆境に耐えて強くなるためである。

三四　また誘惑があとに続くのは、彼が自分の徳に誇らぬようになるためである。

三五　なぜなら悪魔は眠らず、肉はまだ死なないからだ。

三六　だから戦うためにみずから備えることをやめてはならぬ。不眠不休の敵は右にも左にも控えているからである。

＊　聖ラウレンティウスは、ローマの主司祭セクストゥスの助祭であったが、紀元二五八年に迫害が起こり、セ

クストゥスが捕えられて殺されようとした時、師を敬慕するあまり、同じ苦難におもむくことを願ったけれども、セクストゥスはそれを許さず、あとに残された教会の保護を命じたので、ラウレンティウスは師が寂しく引かれてゆくのを忍耐強く見送り、数日後、師の跡を追って殉教の最期を遂げたといわれる。

第一〇章　神の恵みを感謝すべきこと

一　あなたは労働するために生れていながら、なぜ安息を求めるのだ？

二　あなたの心を慰めよりも忍耐に、快楽よりも十字架を負うことに向けるがよい。

三　世俗の人でも、霊的な喜びと慰めとが常に受けられたら、それを受けようとしないであろうか？

四　霊的な慰めは、世のあらゆる享楽や肉のすべての快楽にまさっている。

五　というのも、この世の楽しみは、みなむなしいか汚れているかであるから。

六　だが、霊的な楽しみは、こころよく、尊く、徳からわきいで、清い心に神によって注ぎ込まれるから。

七　しかし人はこの神からの慰めを自分の思うままにいつも受けるわけには行かない。誘惑の時が長くおとずれないことはまれであるから。

八　心の誤った自由と大それた自信とは、天来の恩顧《おんこ》にあずかる道をふさぐものだ。

九　神は慰めをわたしたちに与えることによって善を行なわれる。しかし人は万事について神に感謝をささげないため悪を行なうのだ。

一〇　これこそ神の恵みの賜物がわたしたちの中に流れ入らない理由である。わたしたちは与え主《ぬし》に対して忘恩的《ぼうおんてき》であり、受けた恵みをその本源に全部かえそうとしないからだ。

一一　神は恩を知る者にたえず恵みを与え、へりくだる者にはいつもお授けになるものを、高ぶるものからは取り去られる。

一二　わたしはざんげの心を自分から取り去ってしまうような慰めを求めず、自分を高慢に導くような冥想《めいそう》をも望まない。

一三　なぜなら、高められたものがすべて聖なのではなく、楽しいものがすべて善なのではないから。またあらゆる情愛も清くはなく、すべての愛すべきものも神は喜ばれはしない。

一四　わたしは自分をますます謙遜にし、慎重にし、進んで自分を捨てしめるような恵みなら喜んで受けたい。

一五　恵みの賜物を受けたのち、それを取り去られた悲しみを味わって心の目を開かれた人は、どんな善をも自分に帰しようとはしないであろう。彼は自分自身としては貧しい不徳な者であることを知っているからだ。

一六　「神のものは神にかえしなさい（マタイ二二・二一）」そして、あなたのものはあなたにかえすがよい。すなわち神の恵みに対しては讃美をささげ、あなた自身のためにはあなたの罪過とそれに相当する刑罰とを思い起こすがよい。

一七　いつも最低の地位に自分を置け。そうすれば最高の地位があなたに与えられるであろう（ルカ一四〇）。

一八　なぜなら最高のものは最低のものがなければ、立つことはできないからだ。

一九　神のみ前において最高の地位に立つ聖徒たちは、彼ら自身には最低の者と見えたのであった。

二〇　高められれば高められるほど、彼ら自身としてはいよいよへりくだった。また彼らは、むなしい栄誉を求めなかったので、真理と天来の栄光とに満たされたのだ。

二一　神のうちに堅実に建てられていたので、彼らはどんな時にも高ぶることができなかった。

二二　彼らは自分の受けた祝福をことごとく神に帰し、互に誉れを求めず、ただ神から来る栄誉のみを望む。またすべてのことにまさって神が彼ら自身とその全聖徒たちとにあがめられることを願い、そのため常に励むのである（ヨハネ五・四四）。

二三　だから、最小の祝福に対してすら感謝せよ。そうすればあなたはさらに大きな祝福を受けるに足《た》る者になるであろう。

二四　最小の賜物をも最大のものと変りなく感謝し、普通の恵みをも特別なものと同様に味わうがよい。

二五　もしあなたが与え主の尊さに思いいたるならば、どんな賜物もあなたにとって小さく見すぼらしく見えることはないはずである。至上の与え主から賜わった物は小さくあり得ぬからだ。

二六　たとい彼が罰と鞭とを加えられたにせよ、わたしたちはそれを受け取らねばならない。彼がわたしたちの上にふりかかることを許されることは、なんであっても、常にわたしたちの福祉のために企てられているのだから。

二七　誰でも神の恵みにとどまることを願う者は、自分に与えられるすべての恵みを感謝すると共に、その恵みが取り去られる時にも耐え忍ばねばならない。

二八　彼はそれが返ってくることを祈るべきであり、またそれを再び失うことがないように慎《つつし》み深くかつ謙遜であるべきである。

第一一章　イエスの十字架を愛する者の少ないこと

一　今やイエスの天国を慕う者は多くある。しかし彼の十字架を負う者は少ない。

二　彼の慰めを求める者は多い。しかし彼の患難を願う者は少ない。

三　彼と食卓を共にする者は多く見いだされる。しかし彼の断食にあずかる者は少ない。

四　わたしたちはみな彼と共に喜ぶことを願う。しかし彼のために多少でも苦しむことを望む者はまれである。

五　多くの人はパンをさかれるイエスに従う。しかし彼の苦難の杯を飲む人は少ない。

六　多くの奇跡に驚嘆する人は多い。しかし彼の十字架の辱しめを受ける人は少ない。

七　多くの人は逆境にあわないうちはイエスを愛する。

八　多くの人は彼からなんらかの慰めを受けているあいだは、彼をたたえかつ祝福する。

九　しかし、イエスがみ姿を隠し、わずかひとときでも彼らをお離れになると、彼らはつぶやき始めるか落胆し出すかする。

一〇　イエスをイエスのために愛し自分の慰めのために愛しない人々は、あらゆる患難にも心の重苦しい時にも、大きな慰めを受けている時と等《ひと》しく、彼をあがめるのだ。

一一　たといイエスが決して慰めをお与えにならなかったとしても、彼らはなおかつ常に彼をあがめ、彼に感謝するであろう。

一二　ああ、イエスに対する純愛は、自愛と私利とから解き放たれる時、いかに有力であることか！

一三　常に慰めのみを求めるのは、すべて雇われ人ではないか？

一四　たえず自分の利害得失を考えるのは、キリストよりもむしろ自分を愛する者ではないか？

一五　少しの利害をも思わずに神に仕え神を愛しようとする人は、どこで見いだし得るであろうか？

一六　いっさいのものを脱却するほど霊的な人ははなはだまれである。

一七　真に心貧しく、すべての被造物から離脱している人を誰が見いだし得るであろうか？

一八　そのような人の価値は、はるかかなたの地の果てからもたらされた品のように貴重である（箴言三一・一〇）。

一九　人はいっさいの持ち物を施《ほどこ》しても、なお数えるに足らない。

二〇　激しい苦行をしても、まだ十分ではない。

二一　あらゆる学芸に達しても、なお目標からは遠い。

二二　また偉大な徳と熱烈な信仰とを持っていても、まだ多分に欠けたところがある。

二三　すなわち最も必要な唯一のものが欠けている。
二四　それは何か？　いっさいものを捨て、自分を捨てて、全く自我を脱却し、一点の自愛をもとどめないことだ。
二五　そのような人は自分の義務と心得ていることをことごとく果たした時にも、何事もなさなかったと思うはずである。
二六　またそのような人は、偉大であると思われがちなことをも偉大であるとみなさず、自分は無益のしもべであると心から告白するはずである。
二七　真理の言葉もこう言っている。「あなたがたも命じられたことをみなしてしまった時、わたしたちは無益のしもべですと言いなさい（ルカ一七・一〇）」
二八　そのとき彼は真に心貧しくかつ裸であり、預言者と共に「わたしはひとりで貧しいものです（詩篇二五・一六）」と言い得るであろう。
二九　とはいえ、そのような人ほど富める人はなく有力な人もあり得ない。自分といっさいとを捨てて最底の場所に身を置き得る人ほど自由な人はないのだ。

第一二章　十字架の公道について

一　多くの人にとって「自分を捨て、自分の十字架を負うて、わたしに従って来なさい（マタイ一六・二四）」

という命令はきびしい言葉のように思われる。

二　しかし「のろわれた者どもよ、わたしを離れて永遠の火にはいってしまえ（マタイ二五・四一）」という最後の宣告を聞く方がはるかにきびしいであろう。

三　十字架を負えというこの招きを今よろこんで聞きかつ受ける人は、そのとき永遠の刑罰の宣告を聞く恐れはない。

四　主が審こうとしてこられる時、十字架のしるしが天に現われるであろう。

五　その時すべて十字架に従った人々、この世にあってキリストにならおうとした人々は、大きな確信をもって彼のもとに集まるであろう。

六　だのに、なぜあなたは恐れるのだ？　天国への道をあなたのために開く十字架を取るがよい！

七　十字架には救いがあり、十字架には生命があり、十字架には敵に対する防御がある。

八　十字架には天来の甘美があふれ、十字架には心の力があり、十字架には霊の喜びがある。

九　十字架には徳の宝庫があり、十字架には完徳と聖浄とがある。

一〇　魂の救いも永遠の生命の希望も、十字架以外にはない。

一一　だから、あなたの十字架を取ってイエスに従え。そうすればあなたは限りない生命にはいるだろう。

一二　彼はご自身の十字架を負いつつあなたの前に進み、十字架の上であなたのために死につかれた。これはあなたもまた自分の十字架を負い、十字架の上で死ぬことを願うようになるためだ。

一三　あなたがもし彼と共に死ぬならば、また彼と共に生きるであろう（ローマ六・八）。

一四　あなたがもし彼の苦難にあずかるならば、また彼の栄光にもあずかるであろう（第一コリント一・七）。

一五　見よ、いっさいは十字架にあり、十字架に死ぬことにある。聖なる十字架と日々の克己《こっき》とのほかに、生命と真の内的平安への道はない。

一六　どこへ行き何をさがしても、あなたは十字架の道より高い道を見いださぬであろうし、それより安全な道を見いださぬであろう。

一七　万事をあなたの思いのままに整えたとしても、あなたは好むと好まないとにかかわらず常になんらかの忍ぶべきものに出あい、そこにたえず十字架を見いだすであろう。

一八　なぜなら、あなたは肉体の痛みを感じるか、霊の苦しみを受けるか、どちらかであるから。

一九　時としてあなたは神から見捨られ、時として隣人から試みられ、またそのうえしばしばあなた自身に重荷となるであろう。

二〇　そして、どんな方法にも慰めにも助けを求めることができず、ただ神がよしとされる時までそれを忍ばねばならないであろう。

二一　というのも、あなたが慰めのない心細さを忍ぶことを学び、それによって自分を全く神に従わしめ、患難によっていっそう謙遜になることを、神は望んでおられるからだ。

二二　キリストの苦難を心から深く感じ得るのは、みずから同様な苦難にあった人である。

二三　十字架は常に備えられ、至る所であなたを待っている。

二四　どこへ逃げても、あなたはそれを避けることはできない。あなたの行くところ、どこにでもあなたは自分を携《たずさ》え、常に自分を見いだすからだ。

二五　上を見、下を見ても、外を見、内を見ても、至る所にあなたは十字架を見いだすであろう。また内的平安を保ち永遠の冠をかちえようと望むならば、至る所で堅忍しなければならない。

二六　もしあなたが喜んで十字架をになうならば、十字架もあなたをにない、あなたの宿願の目的地へと運んでくれるであろう。そここそすなわち苦難の尽きる所であるが、そのような所はこの地上にあり得ぬであろう。

二七　もしあなたが十字架をいやいやながらにになうならば、あなたは自分にとって重荷となり、その重さは増し加わり、それでもあなたはそれを負わねばならなくなる。

二八　もし一つの十字架を拒むならば、他の恐らくさらに重い十字架をあなたは必ず見いだすであろう。

二九　あなたは、かつてどんな人も避け得なかったものを、あえて避けようとするのか？

三〇　聖徒たちのうち十字架と苦難とのない生活をしたものがあったか？

三一　われらの主イエス・キリストすら地上に生きておられたあいだ、ひとときも苦難を免れたもうことはなかった。

三二　「キリストは必ず苦しみを受けて、死人の中からよみがえり、その栄光に入るはずではないか（ルカ二四・二六、四六）」

三三　それなのに、あなたはこの聖なる十字架の公道を差しおき、別の道をさがそうとするのか？

三四　われらの主の一生は十字架と殉教とであったのに、あなたは安息と歓喜とを求めるのか。

三五　もしあなたが苦難以外の何ものかを求めているとしたら、非常な誤りに陥っているのだ。この人生はすべて試練にみち、十字架にみちているのだから。

三六　そして人は霊的に向上すればするほど、ますます重い十字架を見いだしがちである。彼の流離の悲しみは彼の愛が増すにつれて加わって行くからだ。

三七　とはいえ、そのようなさまざまの仕方で十字架を負う人は、まんざら慰めを与えられないわけでもない。彼は十字架を辛抱強く負うことによって功徳を大いに積むことを自覚するからだ。

三八　なぜなら、喜んで十字架に身を委ねるならば、患難の重荷はすべて神からの慰めに対する希望に変るからである。

三九　また肉が苦難にさいなまれるならば、それだけいっそう霊は内的な喜びによって強められる。

四〇　そしてキリストの十字架にあやかりたいという愛のゆえに、苦難と逆境とを望んで大いに強められるあまり、彼は苦悩と患難とのなくなることを願わぬまでになる場合もある。

四一　神のためにかずかずのつらいことを忍び得れば、それだけいっそう神のみ旨にかなうことを確信するからだ。

四二　人が生来恐れたり避けたりすることを霊の熱意をもって愛し喜び、しかもそれをよわい肉体をもって立派に成しとげ得るのは、人間の力でなく神の恵みである。

四三　十字架をにない、十字架を愛し、「自分のからだを打ちたたいて服従させ（第一コリント九・二七）」、名声を避け、進んでそしりに耐え、自分をさげすみ、人にさげすまれることを願い、反対と辱しめとを辛抱強く忍び、この世における栄達を望まぬというのは、人の生来の傾向ではない。

四四　もしあなたが自分の力を顧みるのみであったら、これらの一つをもなし得ぬであろう（第二コリント三・五）。

四五　しかし主に頼るならば、天来の力を与えられ、この世と肉とはあなたの意志に服するであろう。

四六　あなたが信仰によって武装し、われらの主の十字架を記章とするならば、悪魔をすら恐れるに及ばぬであろう。

四七　であるから善かつ忠なるしもべとして立ち、あなたを愛して木の上にかけられたもうたあなたの主の十字架を雄々しくになえ。

四八　このみじめな人生において多くの逆境とさまざまの困苦とを忍ぶ備えをせよ。それこそどこにいてもあなたの会うべき運命であり、またどこに隠れようとも実際あなたを待っているものなのだ。

四九　これは当然のことであり、患難と苦悩とからのがれる方法はないのだ。

五〇　もしあなたが主の友となり主にあやかろうとするならば、慕わしい主の杯を喜んで飲め（ヨハネ一八・一一）。

五一　慰めは神にお任せし、それを分けることは神のみ旨のままにしておくがよい。

五二　あなたとしては患難に堪える備えをし、それを大きな祝福と思うべきである。今の時の苦しみは、たといその全部をあなた一人で引き受けても、なお来たるべき栄光にくらべるには足りない（ローマ八・一八）。

五三　もしあなたが患難をも喜び、キリストへの愛ゆえにそれを楽しむ状態に達したならば、その時こそ万事はあなたにとって十全なものとなるのだ。あなたは地上に天国を見いだしたのだから。

五四　苦難があなたを重圧し、あなたがそれからのがれようと願うあいだは、あなたは不幸であり、あなたがのがれようとする患難はどこまでもあなたに付きまとうであろう。

五五　しかしあなたが当然なすべきこと、すなわち苦難と死とを甘受するや否や、あなたはたちまち救い出され、平安を覚えるであろう。

五六　あなたは聖パウロと共に第三の天にあげられ、有頂天《うちょうてん》になったとしても、それによって逆境に会わないことを保証されたとはいえない。

五七　なぜなら、イエスは「わたしの名のために彼がどんなに苦しまなければならないかを、彼に知らせよう（使徒九・一六）」と言っておられるからだ。

五八　だから、イエスを愛し、彼に永遠まで仕えたいと望むならば、苦難を甘受するがよい。

五九　ああ、あなたがイエスのみ名のためになんらかの苦しみを受けるに足る者となったならば、それはあなたにとってどんなに大きな光栄であろうか！　神のすべての聖徒たちにとってどんなに大きな喜びであり、あなたの隣人にとってどんなに大きな教訓であろうか！

六〇　というのも、忍耐を推賞する人は多いが、喜んで忍ぶ人は少ないからだ。

六一　俗事のため多大の苦痛を忍ぶ人が多いとしたら、キリストのためにわずかな苦しみを喜んで忍ぶのは当然ではないか。

六二　あなたはたえず自我に死んで行く生涯を送るべきだということを、しかと知るがよい。

六三　そして人は、自我に死ねば、それだけ多く神に生き始めるのだ。

六四　キリストのために逆境を甘受しないかぎり、何人も天上のものを理解することはできない。

六五　キリストのため喜んで苦しむこと以上に、神をお喜ばせすることはなく、この世においてあなたのために有益なことはない。

六六　そして、もしあなたに選ぶことが許されたら、多くの慰めを与えられるよりも、逆境を忍ぶ方を取るべきである。そうすればあなたはいっそうキリストに似、すべての聖徒たちに似る者となり得るであろう。

六七　なぜなら、わたしたちの功徳と霊性の進歩とは、楽しみや慰めが多いところにあるのではなく、むしろ大きな試練や患難を忍ぶところにあるのだから。

六八　もし人類の救いのために苦難以上に善美な有益なものがあったとしたら、キリストはその言葉と模範とによって必ずそれをお示しになったに違いない。

六九　しかるに彼は、ご自身に従った弟子たちや従おうと欲したすべての人々に、十字架をになうべきことを勧めて言われた、「だれでもわたしについてきたいと思うなら、自分を捨て、日々自分の十字架を負うてわたしに従ってきなさい（ルカ九・二三）」

七〇　そこで全部を細心に読み入念に調べて、到達した最後の結論はこうである。「わたしたちが神の国に入るには、多くの苦難を経なければならない*（使徒一四・二二）」

＊これはア・ケンピス版の第二編にあたる部分である。

第二部　忠実な魂へのキリストの内的な語りかけについて

第一三章　わたしたちの内で話されるキリストに聞くため魂の備えをなすべきこと

一　「わたしは主なる神の語られることを聞こう（詩篇八五・八）」

二　幸いなのは、主が内で語られるのを聞き、そのくちびるから慰めの言葉を受ける魂である。

三　幸いなのは、神の霊感のささやきをきき、この世の語ることに心をとめない耳である。

四　まことに幸いなのは、外からひびく声をきかず、内から教える真理を学ぶ耳である。

五　幸いなのは、外のものに閉じられ、内のものに開かれる目である。

六　幸いなのは、内のものを真剣にさぐり、天の秘義をますます悟ろうとして日々自分を備える人である。

七　幸いなのは、自分の心を神にまで高めようと努め、あらゆる地上の妨げをぬぎすてる人である。

八　おお、わが魂よ、これらのことに注意して、おまえの官能の門戸を閉じよ。そうすれば、あなたは主なる神があなたの内で語られるのを聞き得るであろう。
九　おまえの愛する主はこういわれる。わたしはあなたを救い、あなたの平和、またあなたの生命である。
一〇　わたしと共にとどまれ。そうすれば平安を見いだすであろう。
一一　すべて過ぎ行くものを捨て去り、永遠なるものを求めよ。
一二　現世のものは、みな虚妄に過ぎぬではないか？
一三　造り主に見捨てられたら、あらゆる被造物はあなたになんの益するところがあろう？
一四　だからいっさいのものを捨て去り、あなた自身造り主の喜ばれる忠信な者となれ。これはあなたが永遠の救いをかちえるためである。

第一四章　真理は声もなく内心に語ること

弟子

一　「主よ、お話しください、あなたのしもべはきいていますから（サムエル上三・九）」
二　「わたしはあなたのしもべです。わたしに悟りを与えて、あなたのあかしを知らせてください（詩篇一一九・一二五）」

三　「わたしの心をあなたの口の言葉に傾けさせ」「あなたのみ言葉を露のようにしたたらせてください（詩篇一一九・三六 申命三二・二）」

四　イスラエルの子らは昔モーセに言いました。「あなたがわたしたちに語ってください。わたしたちは聞き従います。神がわたしたちに語られぬようにしてください。それでなければ、わたしたちは死ぬでしょう（出エジプト二〇・一九）」

五　わたしはそうは祈りません、おお主よ、わたしはそうは祈りません。むしろ預言者サムエルと共にへりくだって申します、「主よ、お話しください、あなたのしもべはきいていますから」

六　そして、モーセや、ほかのどんな預言者もわたしに語ることなく、ただあなただけ語ってください、すべての預言者に霊感と光とをお与えになる主なる神よ。

七　あなたは彼らを通さなくても、ひとり完全にわたしをお教えくださいますが、彼らはあなたによらなければ何事も成しとげることができないからです。

八　彼らは立派な言葉を述べるかも知れませんが、霊を与えることはできません。彼らは美しいことを語りますが、あなたがだまっておられると、心を燃やすことはできません。

九　彼らはわたしたちに文字を教えますが、あなたはその意味をおひらきになります。

一〇　彼らは霊的な奥義を持ち出しますが、あなたはその秘義を悟らせてくださいます。

一一　彼らは戒めを教えますが、あなたはそれを守る恵みと力とをお与えになります。

一二　彼らは道を示しますが、あなたはそれを歩いて行く力をお与えになります。

一三　彼らは外部の働きをするだけですが、あなたは内心を教え照らしてくださいます。

一四　彼らは外から木に水を注ぎますが、あなたは実を結ばせてくださいます。

一五　彼らは言葉をもって叫びますが、あなたは聞く者に悟りをお与えになります。
一六　ですから、おお主なるわが神、永遠の真理よ、モーセをしてわたしに語らせず、あなたご自身が語ってください。もし外から教えられるだけで内から燃やされなかったら、わたしは実を結ばずに朽ちてしまうでしょう。
一七　もし神の言葉をきいてそれを行なわず、神の言葉を知ってそれを愛せず、神の言葉を信じてそれを守らなかったならば、それはかえってわたしの罪を定めるものとなるでしょう。
一八　ですから「おお主よ、お話しください、あなたのしもべは聞いていますから」永遠のいのちの言葉はあなたにあります（ヨハネ六・六八）。
一九　わたしの内で語ってください、わたしの魂が慰められ、わたしの生活が全く改善され、あなたが永遠にほめあがめられたもうために。アーメン。

第一五章　神の言葉を謙遜に聞くべきこと

イエス・キリスト

一　わが子よ、わが言葉をきけ。それはいと楽しく、この世の賢者のあらゆる知識にまさっている。
二　「わが言葉は霊であり、生命である（ヨハ・六・六三）」であるから、人間の悟性の光をもって解くべきではない。
三　また人間にむなしい満足を与えるために宣《の》べるべきでもない。ただ敬虔に耳を傾け、大きな謙遜と愛とをもって受けるべきである。
弟　子
四　「ああ主よ、あなたに懲らしめられる人、あなたのおきてを教えられる人は幸いです。あなたはその人を災いの日からのがれさせ、平安をお与えになります（詩篇九四・一二）」またそのような人は地上において不幸に会うことがないでしょう。
イエス・キリスト
五　わたしは最初から預言者たちを教えて来たし、今もなおすべての人に語ることをやめない。しかるに多くの人はわたしの声に対してかたくなになり、みみしいになっている。
六　多くの人は神よりもこの世に聞くことを好む。
七　彼らは神のみ旨よりもかえって肉の願いに従う。
八　この世は小さい一時的なことを約束するが、人は多大の熱心をもってそれに仕える。
九　わたしは最高永遠の善を約束するのに、人の心は常に冷淡である。
一〇　この世とその主人らとに仕えるように、多大の配慮をもってわたしに仕え、わたしに従う者はどこにいるのか？
一一　だから預言者は言っている、「おお、シドンよ、恥じよ。海はものをいっている（イザヤ二三・四）」シドンとは霊的な人を意味し、海とはこの世を意味する。霊的な人は、人々がこの世のためにいかに多くの労苦を重ねるかを見て大いに恥じるであろうから。もしなぜかと尋《たず》ねるならば、その理由を聞くがよい。

一二　わずかな利益のために人々は長途の旅行をするが、永遠の生命のためには一歩も動こうとはしない。

一三　ささいな利益をあさり求め、少しの金銭のためにしばしば醜い争いをし、わずかな報酬のために日夜喜んで苦労する。

一四　だのに、ああ恥しいことには、朽ちることのない善のため、測り知れぬ永遠の報酬のため、絶えることのない至上の栄誉のためには、わずかな疲労にすら堪えないほど無精である。

一五　であるから、怠慢な不機嫌なしもべよ、あなたが救われるために備えているよりも、世の人が地獄へ行くために備えている方がはるかに多いのを見て恥じるがよい。

一六　あなたが真理を喜んでいるよりも、彼らはむなしいものをさらに喜んでいる。

一七　彼らはその期待を裏切られることがしばしばあるが、わたしの約束に欺かれた者はまだ一人もなく、それに依り頼んで失望した者もないのだ。

一八　わたしは約束したものを与え、語ったことを成しとげるであろう。もしあなたがわたしの愛に終りまで忠実にとどまるならば。

一九　わたしはあらゆる善行の報賞者であり、すべて敬虔な者の有力な是認者である。

二〇　わたしの言葉をあなたの心にしるし、真剣にそれを静思するがよい。それは誘惑の時あなたに必要なものとなるであろう。

二一　わたしはわたしの選んだ道を二つの道によって訪ねるのが常である。誘惑と慰めとによって。

二二　またわたしは彼らに二つの日課を読みきかせる。第一課において彼らの欠点を罰し、第二課において彼らを徳に進ましめるよう奨励する。

二三　わたしの言葉と知りつつそれをさげすむ者に対しては、終りの日に審判を宣するであろう(ヨハネ一二・四八)。

第一六章　熱心の恵みを求める祈り

弟子

一　おお主なるわが神よ、あなたはわたしにとって、ありとあらゆる善なるものであらせられます。

二　しかるにあえてあなたに語ろうとするこのわたしは、何者でありましょうか?

三　わたしはあなたのいと貧しいしもべ、卑しい虫けらに過ぎません。いな、わたしがみずから知りまたあえて告白するよりもいっそう貧しい者であります。

四　おお主よ、わたしがむなしいものであり、何ものも持たず、何ごともなし得ぬことをおぼえてください。

五　あなたのみ善であり正しく清くあらせられます。あなたはすべてのことをなし、すべてのものを与え、すべてのものを満たしたまいます。ただ罪人のみむなしく捨て置かれるのです。

六　おお主よ、あなたのあわれみをおぼえて、わたしの心にあなたの恵みを満たしてください。あなたはご自身のみわざがいたずらになるのをお望みにはならないでしょうから。
七　もしあなたが恵みをもってわたしをお強めにならなかったならば、どうしてわたしはこのみじめな世にあって生きぬくことができましょう?
八　「わたしからみ顔をそむけないでください(詩篇一四三・七)」あなたのかえりみを延ばさず、慰めを取り去らないでください。おそらくわたしの魂は水のない乾いた土のようになるでしょう。
九　主よ、「あなたのみ旨を行なうことをわたしに教えてください(詩篇一四三・一〇)」あなたの前に正しくへりくだって歩むことを教えてください。
一〇　あなたはわたしの知恵であられ、世の造られるさき、わたしの生れる前から、わたしを知っておられるからであります。

第一七章　神のみ前に真実謙遜に歩むべきこと

イエス・キリスト

一　わが子よ、わたしの前に真実に歩み、あなたの心を純一にして常にわたしを求めよ(ソロモン一・一)。
二　わたしの前に真実に歩むものは、自分のさらされている害悪から守られ、真理が悪しき者の欺きとそしりから彼を救い出すであろう。

ないであろう。

三　真理があなたを解き放つならば、あなたはまことに自由になり、人のむなしい言葉を意に介し

四　多大の嫌悪と悲しみとをもってあなたの罪を省《かえり》みよ。何事かをなしたからとて自分を何者かであるように思ってはならぬ。

五　あなたは真に罪びとであって、多くの情欲に汚され惑わされている。

六　あなた自身としては常にむなしいものに傾き、倒れやすく、負けやすく、たちまち困惑し、たちまち落胆する。

七　あなたは自分で誇り得る何ものも持たない。かえって自分を罪深い者とみなすべき多くのものを持っている。あなたは自分で考えているよりもはるかに弱いものだからである。

八　だから、あなたの行なうわざを何一つ偉大な貴重なものであるとか、驚くべき尊敬すべきものであるとか、高尚で賞賛に値いする願わしいものであるとか思ってはならぬ。それらに値いするのはひとり永遠なるもののみである。

九　永遠の真理をすべてのものにまさって愛好せよ。

一〇　そしてあなた自身の取るに足らぬ者であることをどんな時にも嫌悪せよ。

一一　あなたの過失と罪以上に、あなたが恐れ、責め、憎むべきものはほかにない。これらをあなたは、すべてのものを失なうにもまさって嫌悪すべきである。

一二　或る人々はわたしの前に真剣に歩まず、好奇心と向う見ずとによって動き、わたしの秘義を悟り、神の高い真理をわきまえようと欲して、しかも自分と自分の救いとをなおざりにしている。

一三　そのような人々は、その誇りと好奇心とのゆえに、しばしば大きな誘惑と罪に陥る。わたし

は彼らに逆らうからである。

一四　神の審きをかしこみ、全能者の怒りを恐れよ。

一五　また至高者のみわざを僭越《せんえつ》に探索しようとせず、むしろあなた自身の行為を吟味し、あなたがいかに多くの悪をなし、いかに多くの善を怠っているかを覚えるがよい。

一六　或る者は信仰の修練をただ書物によって行ない、或る者は絵画によって、或る者は外部のしるしや形によって行なう。

一七　或る者はわたしをくちびるにのぼせるのみで、その心に保つことをしない。

一八　しかし他の或るものはその精神を照らされ、情愛を清められ、すべての思いと願いとをたえず永遠の善の方へ向け、地上の事がらを聞くことを厭い、わたしをいっさいのものにまさって、しかり財宝にも世俗の知識にもまさって愛している。

第一八章　神の多くの恵みを思いだすべきこと

弟子

一　「主よ、わたしの心をあなたのおきてに向かって開き」、「わたしを教えてあなたのいましめを歩ませてください(第二マカベ一・四)(詩篇一一九・三五)」

二　あなたにささげるべき感謝をささげるために、あなたのみ旨を知り、あなたが一般にまた特別にわたしにお与えになった恵みを大きな畏敬と勉励とをもって静思させてください。

三　わたしは当然ささげるべき感謝をささげ得ないことをよくわきまえています。

四　わたしはあなたのお与えになったあらゆる恵みを受けるに値いしない者であり、あなたの寛容を思うにつけ、わたしの心はその大きさに茫然《ぼうぜん》としてしまいます。

五　すべてわたしの有するものは、霊的なものも肉的なものも、内的なものも外的なものも、自然のものも超自然のものも、ことごとくあなたの恵みです。

六　また或る人は多く受け、他の人は少なく受けるとはいえ、それらはみなあなたの賜物であり、あなたから賜わらないかぎり、わたしたちはそれらのいと小さいものを所有することもできないのです。

七　多く受けた者も自分の功徳を誇るべきではなく、少なく受けた者を見くだすべきではありません。自分に善を帰することなく、へりくだってうやうやしく神に感謝することが多ければ、それだけその人は偉大であり善良であるからです。

八　自分をすべての人のうち最も小さい者、最も足らない者であると考える人は、本来最も大きな賜物を受けるにふさわしいのです。

九　少なく受けた人も悲しむべきでなく、多く受けた人をうらんだりねたんだりしてはなりません。

一〇　すべての善いものはあなたから来るのですから、わたしたちはことごとにあなたを讃美すべきであります。

一一　あなたは何が各人に適しているかをご承知です。ですから一人が多く受け他が少なく受ける理由をわきまえるのは、わたしたちの分ではなく、あなたのなさることです。

一二　わが神よ、わたしが人の称賛や名誉をかちえる多くの外的賜物を持たないことも、考えてみると大きな恵みです。

一三　誰でも、自分の貧しさや足りなさを覚える者は、そのために悲しんだり落胆したりしてはなりません。なぜなら、おお神よ、あなたはこの世でさげすまれるへりくだった貧しい者を選び、あなたの特別な友、家族の一員とされるからです。

一四　その証拠は、あなたが地上の万人の上に君とされたあなたの使徒たちであります(詩篇四五・一六)。

一五　彼らはつぶやくことなく日を送り、悪意も欺瞞《ぎまん》もなく、謙遜で単純であり、あなたのみ名のために責められるに足るものとされたことを喜び、世人のさげすむものを喜んで受けいれました(使徒五・四一)。

一六　ですから、おお主よ、あなたを愛しその恵みを知る者には、あなたのみ旨とその永遠の摂理《せつり》に従う楽しみとが自分のうちに成しとげられること以上に、大きな喜びはないはずであります。

一七　その人は、他の人が最大の者となることを欲するように、最小の者となることを喜んで願い、最高の地位にあるかのように最低の地位に安んじて満足し、さげすまれ退けられ名もなく誉れもなく忘れ去られることを、この世において最高の栄誉をかちえ最大の人物となったかのように喜び、これらのことが実現するのを何よりの楽しみとし慰めとするでありましょう。

一八　それというのも、おお主よ、あなたのみ旨と栄光を愛することとは万事の上にあるべきであり、それはまたあなたを愛する者にとって、あなたのすでにお与えになった、または後にお与えになるいっさいの恵み以上に、大きな慰めであり楽しみであるべきものだからであります。

第一九章　大きな平安をもたらす四つのものについて

イエス・キリスト

一　わが子よ、わたしは今あなたに平安と真の自由との道を教えよう。

二　わが子よ、あなた自身の意志よりも、むしろ他人の意志を行なうように努めよ。

三　常に多くを持つよりも、少なく持つことを選べ。

四　どんな場合にも最低の地位につくことを求め、すべての人に従順であれ。

五　いつも神のみ旨が全く成しとげられることを願え。

六　見よ、そのような人こそ満ち足りた安息と平安とに達するのだ。

弟子

七　主よ、この短いお勧めは、その中に大きな完徳を含んでいます。

八　言葉は簡単ですが、意味と成果とに満ちています。

九　もしそれを忠実に守って生活し得たならば、わたしはたやすく惑わされることはないでしょう。

一〇　なぜなら、わたしは不安と困惑とを感じるごとに、この教えからはずれていることに気づくからです。

第二〇章　好奇心から他人の生活に立ち入ってはならないこと

イエス・キリスト

一　わが子よ、好奇心をいだくな。またいたずらに思いわずらうな。

二　あのことやこのことがあなたとなんのかかわりがあろう？　あなたはわたしに従ってきなさい（ヨハネ二一・二二）。

三　この人がこのような人であり、あの人があのようなことを言い、あのようなことをしたとしても、それがあなたとなんのかかわりがあろう？

四　あなたは他人のために答えるには及ばぬ。ただあなた自身のことを明らかにすればよい。

五　だのに、なぜ思いわずらうのだ？

六　見よ、わたしはすべての人を知り、この世のあらゆる出来事を見、各人の内に行われつつあることをわきまえ、人が何を考え、何を願い、何を欲しているかを知っている。

七　であるから万事をわたしに任せ、あなたは全き平安を保つがよい。そしてさわぎたい人は勝手に騒がせておけ。

八　その人は自分のあらゆる言行に対して責任を負うであろう。わたしを欺くことはできないのだから。

九　またあなたは偉大な名望家の保護を受けようとして心をわずらわすな。多くの友があってもなんの利があろう？　特別な恩顧を受けてもなんの益があろう？

一〇　それというのも、これらは心に多くの困惑と大きな暗黒とを生じるもとであるから。

一一　もしあなたが努めてわたしの来臨をみまもり、あなたの心のとびらをわたしのために開くならば、わたしは喜んでわたしの言葉をあなたに語り、わたしの秘義をあなたに示すであろう。

一二　つつしみ備えよ、覚めて祈れ、そしてすべてのことに謙遜であれ。

第二一章　平安を持続して真の進歩をするにはどうしたらよいか

イエス・キリスト

一　わが子よ、わたしはかつて言った、「わたしは平安をあなたがたにのこす、わたしの平安をあなたがたに与える。わたしの与えるのは、世が与えるようなものではない（ヨハネ一四・二七）」

二　すべての人は平安を願っているが、真の平安をもたらす事がらについては心を用いない。

三　わたしの平安は心の謙遜柔和な人と共にある。

四　あなたの平安が大きな忍耐をするところにあるように。

五　もしわたしに聞き、わたしの声に従うならば、あなたは大きな平安を得るであろう。

六　あなたがおこなったり語ったりするすべてのことにおいて、自分をみまもり、わたしだけを喜ばせ、わたし以外の何物をも願わず求めまいという一事に、あなたのいっさいの注意を向けるがよい。

七　他人の言行を軽率に審《さば》かず、あなたに任せられていない事がらにかかわり合うな。そうすれば、あなたは心をわずらわすことがほとんどなくなるか、まれになるであろう。

八　しかし決して心をわずらわさず心や体の弱さを感じないということはできない。それはこの世ではあり得ず、永遠の安息の状態に属することだ。

九　だから、あなたは、少しの煩わしさも感じないからといって真の平安を見いだしたと考えたり、なんらの反対も受けないからといって万事が都合よく行っていると思ったり、すべてのことが意のままになるからといっていっさいが完全だと想像したりしてはならない。

一〇　また多大の敬虔と喜びとを覚えたとしても、それを尊大の種にしたり、神から特に愛されていると思ったりしてはならぬ。真に徳を愛する者と認められるのは、そのようなことによるのではなく、人の進歩と完成も、そのようなものにあるのではないからである。

弟　子

一一　そうだとすれば、おお主よ、それはどこにあるのでしょうか？

イエス・キリスト

一二　それはこのこと、すなわち、あなたが神のみ旨をなすために全心からあなた自身をささげ、大事にも小事にも、時間的にも永遠的にも、私利を求めず、何物をも自分のものであると主張しないことにある。そうすれば、あなたは平静な精神的態度をもって逆境をも順境と同様に感謝して忍び、万事を神のみ旨という同一の尺度で測ることができるであろう。

一三　もしあなたの希望が堅忍不抜であって、たとい内的な慰めを取り去られても、なおさら大きな苦難に対する心備えをし、自分はそんな苦難を受ける覚えがないなどと自分を是認することなく、かえって愛と感謝とに満ちてわたしのするいっさいのことにおいてわたしを正しく聖なる者と考えるならば、その時あなたは平安の一路を真に歩んでおり、またあなたは喜びに満ちた心をもってわたしの顔を再び見るであろうというゆるがぬ希望をいだいているのだ。

一四　そうしてあなたが全く自分をさげすむ状態に達したならば、その時あなたはこのみじめな世において味わい得る最大の豊かな平安をうけることができると知るがよい。

第二二章　自愛は人が至上善に達するのを妨げること

イエス・キリスト

一　わが子よ、あなたはわたしに心を引き渡さねばならぬ。すべてを得るために、すべてをささげねばならぬ。

二　あなたは自分を愛することがこの世において何ものよりもあなたに有害であることを知るべきである。

三　あなたが事物に対していだいている愛と嗜好とに応じて、事物もまた多かれ少なかれあなたにまといつくのである。

四　もしあなたの情愛が清浄潔白で、適度に調節されているならば、あなたはこの世の事物の奴隷とはならぬであろう。

五　持つことを許されぬものを持ちたいと願うな。

六　あなたの妨げとなりあなたの内的自由を奪い去るようなものを持ちたがるな。

七　あなたが自分の持っているまたは願っているいっさいのものを傾けて、心の底からあなた自身をわたしに委ねないのは、奇怪なことだ。

八　なぜあなたは無益な憂慮にやつれるのだ？　なぜ無用の心労に疲れるのだ？

九　わたしの善なる意志に従って行動せよ。そうすれば、あなたはなんの害も受けないであろう。

一〇　あなた自身の安楽のためあるいはあなた自身の意志をとげようとして、あれやこれやを求め、ここやかしこを望むならば、あなたは決して平安を得ず心労から免れることはあるまい。どんなものにも欠点があり、どんな所にも腹立たしいことがあるからだ。

一一　だから、あなたの福祉は外的事物を得たり集めたりすることにはなく、かえってそれらをさげすみ、それらをあなたの心から根こそぎするにある。

一二　これは金銭や財宝についてだけでなく、また名声や栄誉を望む場合に心得おくべきことだ。それらはすべて世と共に過ぎ去るからである。

第二三章　中傷者の舌に対して

イエス・キリスト

一　わが子よ、誰かがあなたを悪く思い、あなたの聞きたくないことを言ったとしても、それをつらく思ってはならぬ。

二　あなた自身はそれよりいっそう悪い人間だと思い、自分より悪い人間はいないと考えるべきだ。

三　あなたがもし内的生活をしているならば、過ぎゆく言葉にさして重きを置かないであろう。

四　災いの時に沈黙を守り、あなたの思いをわたしに向けて、人のうわさに煩わされないことは、少なからぬ分別である。

五　あなたの平安を人の言葉にもとづけないようにするがよい。

六　人があなたのことを悪くいっても良く言っても、それによってあなたの性質は変らないからだ。

七　真の平安と喜びとはわたしにおいてのみ獲得される。

八　人の気に入ろうと思わず、気に入らぬことを恐れもしない人は、大きな平安を受けるであろう。

九　過度の愛と無用の恐れとから、あらゆる心の不安と官能の混乱とは生じるのだ。

第二四章　どうして神の助けを祈り求めるべきか

イエス・キリスト

一　わが子よ、わたしは悩みの日に力を与える主である（ナホム一・七）。

二　事がよく運ばない時は、わたしに来るがよい。

三　あなたが天来の慰めにあずかるのを最も妨げているのは、あなたの祈りにおもむくのがあまりにも遅いことだ。

四　それはあなたが熱心に祈る前に、まず他の多くの慰めを求め、外的なものによって気をまぎらそうと試みるからである。

五　であるから、わたしがすべてより頼む者を救う者であり、わたし以外に有用な助けも永続する慰めもないとのことを実感するまでは、すべてのことはほとんどまたは全くあなたを益するところがないのだ（詩篇一七・七）。

六　しかし今や勇気を取りもどし、わたしのあわれみの光に浴して新たな力を得るがよい。わたしは、まもなく万物を全く一新するのみでなく、あふれるほど豊かにしようとさえしているのだから。

七　わたしにできないことがあろうか？　それともわたしはその言うことを行なわぬ者と同じであろうか（エレミヤ三二・二七）？

八　あなたの信仰はどこにあるのだ？　信仰に固く立ち、雄々しく忍べ。

九　辛抱強く勇敢であれ。あなたの慰めは適当な時に与えられるであろう。

一〇　わたしを待て。わたしは行って、あなたを医《い》やすであろう（マタイ八・七）。

一一　あなたを悩ましているのは誘惑にすぎず、あなたをおびやかしているのは杞憂《きゆう》にすぎない。

一二　未来のことについてのあなたの大きな心配は、なんの益があろう。悲しみに悲しみを重ねるだけではないか？

一三　「一日の苦労は、その日だけで十分である（マタイ六・三四）」

一四　だから、起こるかどうか分らない未来のことについて悩んだり喜んだりするのは、むなしい、いたずらなことだ。

一五　しかし、このような思いに惑わされるのは人の常であって、敵の偽りの暗示にかくもたやすく耳を借すのは、その精神がまだ薄弱な証拠である。

一六　なぜなら、あなたを真実によって欺くか虚偽によって欺くか人の堕落を現在の事物への愛によってひき起こすか未来の事物への恐れによってひき起こすかは、敵が気にしていないことであるから。

一七　だから「あなたの心を騒がすな、また恐れるな（ヨハネ一四・二七）」

一八　わたしを信じ、わたしのあわれみにより頼め。

一九　あなたがわたしから遠く離れていると思う時、わたしはあなたに最も近くいるのだ。

二〇　あなたが万事休すと思う時、あなたの功徳の報いはしばしば間近にあるのだ。

二一　あなたは現在の刹那的感情によって判断したり、あらゆる希望が消え去ったなどと落胆したりしてはならぬ。

二二　時たまわたしがあなたに多少の患難を与え、あるいはあなたの望んでいる慰めを取り去ることがあっても、わたしに全く見捨てられたと思ってはならぬ。

二三　このようにして人は天国にはいって行くのだから。

二四　また万事が意の如くなるよりも逆境に試みられる方が、あなたにとってもわたしの他のしもべたちにとってもいっそう有益であることは確実である。

二五　わたしはあなたのひそかな思いを知っており、あなたが時おり味気《あじけ》なく放置されることは、あなたを内的に高ぶらしめぬためにも、柄《がら》にもないことで悦《えつ》に入らしめないためにも、はなはだ有用であることを知っている。

二六　わたしは与えたものを取り去ることも、それを再び意のままに与えることもできる。

二七　あなたに何かを与えたとしても、それはわたしのものであり、取り去ったとしても、あなたのものを取ったのではない。すべての善き賜物と全き賜物とはわたしに属するからだ。

二八　試練と逆境とをあなたに与えたとしても、それによっていらだったり心をくじいたりしてはならない。わたしはすぐあなたを救い、あなたのすべての悲しみを喜びに変えることができるのだから。

二九　あなたをそのようにあしらう時も、わたしは全く正しくきわめて情け深いのだ。

三〇　正しく行動し真実に事実を考察せよ。そうすれば、あなたは逆境に打ちのめされることなく、むしろ喜んでわたしに感謝し、わたしが苦難によってあなたを懲しめあなたを容赦しないのを特別な恵みと思うであろう。

三一　「父がわたしを愛されたように、わたしもあなたがたを愛した(ヨハネ一五・九)」と、わたしは弟子たちに言った。しかもわたしは彼らを、この世の喜びを受けるためでなく大きな戦いをするために、栄誉を得るためでなく侮辱されるために、安楽をむさぼるためでなく激しい労働をするために、安息を味わうためでなく堅忍して多くの実を刈りとるために、つかわしたのである。

第二五章　造り主を見いだすためにすべての被造物を捨て去るべきこと

弟子

一　おお主よ、どんな被造物もわたしを妨げ得ない状態に達すべきであるとしたら、わたしにはさらに大きな恵みが必要であります。

二　何ものかに引きとめられている限り、あなたに自由に飛んで行くことはできないからです。

三　聖なる預言者ダビデはあなたに自由に飛んで行くことを願って、次のように言いました。「どうか鳩のように翼をもちたいものだ。そうすれば、わたしは飛び去って安きを得るであろう(詩篇五五・六)」

四　清浄潔白な目にもまさって安静なものがありましょうか？　地上の何物をも欲しない人にまさって自由な者がありましょうか？

五　ですから、人はすべての被造物をこえ、自我を全く捨て去らねばなりません。そうすれば魂は恍惚《こうこつ》として万物の造り主を観想することができるでしょう。

六　あらゆる被造物から解き放たれないかぎり、人は神に関する事がらを観想することはできないからです。

七　これこそ世に観想的な人の少ない理由です。すなわち滅びゆく被造物から全く解き放たれ得る人が少ないからです。

八　そのためには、魂を励ましてそれ自身をこえしめる大きな恵みが必要であります。

九　また霊的に高められ、いっさいの被造物から解き放たれ、全く神と一致しないかぎり、人の知っていることや持っているものは何一つ偉大であるとはいえません。

一〇　永遠な無限の善である神ご自身以外のものを偉大であるとする人は、地を腹這う卑小なものとして長くとどまるでありましょう。

一一　それというのも、神でないいっさいのものは無であり、無と見なすべきものだからであります。

一二　観想の生活を望む者は多くありますが、彼らはそこに到らしめる事がらを実行しようとしません。

一三　外的な表徴や修行に重きを置きすぎて、完全な自己抑制をゆるがせにするのは、大きな妨げです。

一四　わたしたち霊的だといわれたがる者が、この世の過ぎゆく事物のためにずいぶん苦労し配慮しながら、自分の官能を全く集中して内的生活を省みることがまれであるのは、いったいどんな精神、どんな目的によるのであるか、わたしにはわからないのです。

一五　ああ、わたしたちは、しばらくの静修の時がすぎると、自分の行動を厳格な省察のもとに置くことなく、その思いを外的事物の上に甘んじてまき散《ち》らすことが、いかにしばしばあることでしょう！

一六　わたしたちは自分の願いが自分をどこへ連れて行くかに注意せず、自分の思想と行動とがすべて腐敗しているのを嘆こうともしないのです。

一七　「すべての人がその道をみだした（創世六・一二）」そこから大洪水は起こったのでした。

一八　わたしたちの最奥の情愛がみだれるならば、そこから発する行為もまたみだれざるを得ません。

一九　清い心から良い生活という実は刈りとられるのです。

二〇　わたしたちはしばしば人のなしとげたことの大きさに驚きますが、どこからそれだけの力を得たかはあまり尋ねません。

二一　また強い人、富んだ人、美しい人、才能ある人、優れた著者、上手な歌手、巧みな職人などを賞賛しますが、その人がどんなに貧しい心をもち、辛抱強くへりくだり、敬虔で霊的であるかは、見過ごしにしがちであります。

二二　自然は人の外形を見ますが、神の恵みは内心に注意をはらいます。

二三　自然はしばしば欺かれますが、神の恵みは欺かれないように神により頼みます。

第二六章　自分に勝ち、すべての邪欲を捨て去るべきこと

イエス・キリスト

一　わが子よ、あなたは自分を全く捨てないかぎり、完全な自由を得ることはできない。

二　すべて自分のことを求め自分を愛する人々は、内なる鎖につながれているのだ。彼らは貪欲《どんよく》者《しゃ》、好事家、浮気者であり、いつも「貧弱なものに逆もどりして（ガラテヤ四・九）」、イエス・キリストのことを求めず、永続し得ぬものをしばしば願うのである。

三　なぜなら、神から出ないものは、すべて滅び去るからだ。

四　次の短いながら実に完全な金言を心にとめよ。いっさいのものを捨てよ。そうすればいっさいのものを見いだすであろう。過度の欲望を絶《た》て。そうすれば安息《あんそく》を見いだすであろう。

五　このことを心の中で静思せよ。そして、それを実行に移すならば、あなたは万事を理解するであろう。

弟　子

六　主よ、これは一日でできることではなく、子供の遊びでもありません。この短い言葉のうちに霊的な人々のあらゆる完徳が含まれているからです。

イエス・キリスト

七　わが子よ、完全への道をきいたからといって、顔をそむけたり心をくじいたりしてはならない。むしろそれによってまされる徳に進もうとする心をかき立て、少なくともそれをあえぎ求めようとする思いに動かされねばならぬ。

八　ああ、これがあなたの状態となり、あなたがもはや自分を愛することなく、わたし、およびわたしの父の意志をなそうと心構えをする状態に達したならば、あなたはまことにわたしの心にかなう者となり、あなたの全生活は喜びと平安に満たされるであろう。

九　あなたはなお多くの捨てるべきものを持っている。それらをすべてわたしにささげないかぎり、あなたの望んでいる状態に達することはできない。

一〇　「わたしはあなたに勧める、富む者となるためにわたしから火で精練された金を買いなさい(黙示三・一八)」わたしの言う富とは、あらゆる地上の事物を足の下に踏みにじるあの天上の知恵のことである。

一一　わたしはあなたに言った。人の目に尊く見えるものを、卑しく見えるものと取り替えよ。

一二　それというのも、真の天上の知恵は、自分を高く評価せず地上で偉大となることを求めないところにあるので、卑しいさげすむべきものと見なされ、ほとんど忘れられているからである。多くの人は口ではそれを宣《の》べひろめるが、生活はそれからかけ離れている。とはいえ、この天上の知恵こそ、多くの人に隠されている「高価な真珠(マタイ一三・四六)」である。

第二七章　心の変りやすいことと、わたしたちの意向を神に向けるべきこと

イエス・キリスト

一　わが子よ、あなたの情愛に頼るな。それは一物から他物へと移りやすいからである。

二　あなたは生きているかぎり、いやでも変化せずにはいないであろう。一時は喜び次には悲しみ、今は安心し後には煩悶《はんもん》し、あるいは殊勝勤勉になり、あるいは怠惰になり、あるいは慎重になり、あるいは軽薄になるであろう。

三　しかし霊的生活に経験を積んだ賢明な人は、このようないっさいの転変をこえて自分の内部で何を感じているか、無常の風がどの方向から吹いて来るかに気をとられず、もっぱら自分の心の意向を正しい目的に向かわせようと配慮する。

四　なぜなら、すべてそれらの雑多な出来事の中で、彼の意向の純一な目をたえずわたしに向けさえすれば、彼は不動不惑を保ち得るからだ。

五　人は内的な目が清浄であれば、それだけ確固としてあらしの中を通って行く。

六　けれども多くの人には、清浄な意向の目も、うろこにおおわれているようにかすんでいる。な

ぜなら、その目が愉快そうに現われる事物の方へ向かいやすいからだ。
七　自己追求という鎖から全く解き放たれた人はまれである。
八　そのように、昔ユダヤ人がベタニヤのマルタとマリヤとの所に来たのは、「イエスのためだけでなく(ヨハネ一二・九)」ラザロをも見ようとしてであった。
九　だから人は意向の目をきよめ、あらゆる中間物をこえて、それを純真正当にわたしに向けねばならない。

第二八章　神は万物以上にご自身を愛する者に恵み深くあられること

弟子

一　わが神を、またわがすべてを見よ！
二　このうえにわたしは何を持ちたいと願いましょう？　これ以上大きな祝福を望むことができましょうか？
三　ああ、み言葉を愛する者には、なんと楽しい、喜ばしい言葉でしょう。しかし世と世のものとを愛する者には、そうではありますまい(第一ヨハネ二・一五)。

四　わが神を、またわがすべてを見よ！
五　わかる人にはそれだけ言えばたくさんです。
六　あなたがおいでになれば、万事は喜ばしく、あなたがおいでにならなければ、万事は厭わしいのです。
七　心の中に安静を、精神の中に平安を、また祭のような喜びをおつくりになるのは、あなたです。
八　万物が善であることを思わしめ、ことごとにあなたをたたえしめたもうのはあなたでありまず。あなたを離れたら、何ものも長く心を喜ばすことはできません。
九　何ものでも楽しく心地よく味わおうとすれば、あなたの恵みがそれに加えられ、あなたの知恵の塩が加味されねばなりません。
一〇　あなたを喜びとする人の幸いをくつがえし得る人がありましょうか？
一一　またあなたを喜びとしない者は、どんな喜びを持ち得るでしょうか？
一二　肉的なものを喜びとするこの世の知者は、あなたの知恵をもっていません。そのような喜びは多くはむなしく、そのような楽しみには死があるからです（ローマ八・六）。
一三　しかし、あなたに従って世をさげすみ肉に打ち勝つ人は真の賢者です。その人は真理のために虚栄を捨て、霊のために肉を捨てるからです。
一四　その人は神を喜びとし、被造物の中に認められる善は、どんな善でも、それらをみな造り主の栄光に帰するからです。
一五　造り主を喜ぶことと被造物を喜ぶこと、永遠的なものを喜ぶことと時間的なものを喜ぶこと、造られない光を喜ぶことと造られた光を喜ぶことのあいだには、無限のへだたりがあります。

第二九章　この世には誘惑から免れる保障はないこと

イエス・キリスト

一　わが子よ、あなたはこの世では安全でなく、生きるあいだは霊の武器を必要とするであろう。
二　あなたは敵のただ中に住んでおり、右からも左からも攻められている。
三　だから忍耐の盾をとって八方を防衛しないかぎり、長く無傷であることはできない。
四　そのうえ、あなたの心を固くわたしに結びつけ、万事をわたしのために忍ぶ覚悟をしないかぎり、誘惑の火に立ち向かい、恵まれた者に授けられる冠を受けることはできない。
五　だから、あなたはあらゆることを雄々しく忍び、敵する者と勇敢に戦うべきである。
六　天来《てんらい》の糧《かて》は勝利を得る者に与えられ、なまけ者は多大の不幸の中に取り残されるからである。
七　この世で安息《あんそく》を求めるならば、どうして永遠の安息に達することができよう?
八　多大の安息を期待するよりも、絶大な忍耐を覚悟するがよい。
九　真の平安は、この地上でなく天上においてのみ、人間その他の被造物でなく神においてのみ、見いだし得ることを期待せよ。
一〇　神を愛するにはあなたは万事を喜んで忍ばねばならぬ。労苦も悲しみも、誘惑も嘲りも、心配も窮乏も、病気も不正も、矛盾も叱責《しっせき》も、卑下《ひげ》も辱かしめも、非難も軽蔑も。

一一　これらはみな徳を得る助けであり、キリストの兵士をためし、天上の冠を形づくるものだ。

一二　わたしは短い労苦に対して無限の報賞を授け、一時の辱かしめに対して永遠の栄光を与えるであろう。

一三　あなたは意のままにいつでも霊的慰めが得られると思っているのか？

一四　わたしの聖徒たちは常にそれらを得ることができず、むしろ多くの患難や、さまざまの誘惑や、大きな寂莫《せきばく》を得た。

一五　彼らはあらゆる事情の下でそれらを辛抱強く忍び、自分に信頼するよりもいっそう神に信頼した。なぜなら今の時の苦しみが来たるべき栄光にくらべるに足らないこと（ローマ八・一八）をよく知っていたからだ。

一六　あなたは他の人々が多くの年月と大きな努力をもってかろうじて得たものを、一度で得ようと思うのか？

一七　だから耐え忍び、主を待ち望め。雄々しく振舞い、勇ましくあれ。希望をもち、落胆するな。むしろ神の栄光のためにからだと魂とをしっかりとささげよ（詩篇二七・一四）。

一八　わたしは豊かにあなたに報い、あらゆる苦難の中であなたと共にあるであろう（詩篇九一・一五）。

第三〇章　人の批判に対して

イエス・キリスト

一　わが子よ、全心をささげて、しっかりと主により頼み、あなたの良心が自分の潔白と善良とを宣言する時には、人の批判を恐れるな。

二　そのようにして物事に耐えるのは好ましい有益なことだ。またこれはへりくだった心と自分よりも神により頼む者とにとって難事ではない。

三　世には口数の多い人がたくさんいる。だから、その言うところにあまり信を置いてはならない。

四　すべての人を満足させることは不可能である。

五　聖パウロは主にあってすべての人を満足させようと努め、「すべての人に対しては、すべての人のようになった」が、人の判断によって審かれるのをささいなこととみなした(第一コリント九・二二、同四・三)。

六　彼は人の建徳と救いとのために力のかぎり働いたにもかかわらず、人から審かれ、時にはさげすまれることを免れなかった。

七　だから彼は万事を知っておられる神にいっさいをお任せし、彼を悪しざまに言い、ありもせぬ誤ったことを彼について考える敵に対して、忍耐と謙遜とをもって自衛した。

八　しかしながら彼は時おり自分が沈黙することによって弱い人々がつまずくのを恐れて、それらの人に答えた（使徒二六・一）。

九　あなたは何者なので、死ぬべき人間を恐れるのだ（イザヤ五一・一二）？

一〇　きょうは存在して、あすは見いだせない人間を。

一一　神を恐れよ。そうすれば、あなたは人のおどしに驚かないであろう。

一二　悪口雑言によってだれがあなたに危害を加えることができよう？

一三　そのような人はあなたよりも自分自身を害しているのだ。彼は誰であるにせよ、神の審きを免れることはできない。

一四　神を目の前に置いて、争い好きな言葉に逆らってはならぬ（第二テモテ二・一四）。

一五　またあなたは打ち負かされ、不当な辱かしめを受けることがあっても、見苦しい態度を示してはならない。わたしの授けようとする報いをあなたの性急さによって減ずることのないためである。むしろ天にいるわたしを仰ぎ望め。わたしはあなたをあらゆる辱しめと不法から救い、各人の仕わざにしたがって報いることができるのだ（ローマ二・六）。

第三一章　心の自由を得るには純粋完全に自分を放棄すべきこと

イエス・キリスト

一　わが子よ、あなた自身を捨てよ。そうすれば、わたしを見いだすであろう。

二　あなた自身の意志とあなたのすべての持ち物とを捨てよ。そうすれば、あなたはどこへ行っても何ものかを得る人となるであろう。

三　あなたが自分を決定的に放棄するや否や、さらに大きな恵みがすぐあなたに授けられるであろう。

弟　子

四　主よ、いくたびまたどんなことにわたしは自分を放棄すべきでしょうか？

イエス・キリスト

五　いつ、どんな場合にも、大事にも小事にも。

六　わたしは例外を設けない。あなたが万事から脱することを希望する。

七　そうしないであなたがすべての私意から内的にも外的にも離脱しないならば、どうしてあなたはわたしのものとなり、わたしはあなたのものとなることができよう?

八　これはあなたが早くすればするほどあなたにとってよいことだ。また完全真実に行なえば行なうほどあなたはわたしの意にかない、功徳を得ることも大きいのだ。

九　或る人は自分を放棄するけれども、なんらかの例外を設ける。

一〇　それは神に全く信頼しないからで、そこから自分のため幾分かを残しておこうとするのだ。

一一　或る人は自分を全くささげるが、困難に出会うとすぐ、いったんささげたものを取り返そうとする。そこで徳に進むことができないのだ。

一二　これらの人は清浄な心の自由にも、わたしとの楽しい交わりの恵みにもいたることができない。それは自分を全くわたしにささげ、日々自分を完全な供え物として提供しないからで、それをしなければ恵まれた一致和合はあり得ないのだ。

一三　わたしはすでにいくたびか言ったが、今また繰りかえして言う。あなた自身を捨てよ、あなた自身を明けわたせ。そうすれば、あなたは大きな内的平安をうけるであろう。

一四　すべてを得るために、すべてをささげよ。なんらの例外をも設けず、何物をも取り返そうとするな。もしあなたがためらうことなく純粋にわたしに信頼するならば、わたしを持つことができよう。その時あなたの心は自由になり、あなたの魂は暗黒に打ち負かされないであろう。

一五　これを努め、これを祈り、あなたが所有し存在しているいっさいのものから離脱することを願うがよい。そして裸のイエスに裸になって従うがよい。あなたが自分に死に、わたしに永遠に生きるためである。

一六　そのときすべてのむなしい思い、あらゆる悪い困惑、よろずの無駄な心づかいは消え去るであろう。
一七　そのとき余計な恐れもあなたから去りゆき、過度の情愛もあなたのうちで死滅するであろう。

第三二章　外的行為を規制し危急の時に神の助けを求めるべきこと

イエス・キリスト

一　わが子よ、どういう場所でどういう行為をし外的事務にたずさわっても、あなたは内的自由と落ちつきとを保ち、万事をあなたに従わしめあなたを万事に従わしめないように、ひたすら励まねばならぬ。
二　あなたは自分の行為の主人また支配者であって、奴隷また雇人であってはならぬ。すなわち奴隷の状態からあがなわれて神の子の資格と自由とを授けられた真のイスラエル人であるべきだ。
三　あなたは世俗的なものの上に超然として立ち、永遠のものを観想しなければならぬ。
四　左の目をもって過ぎゆくものをながめ、右の目をもって天上のものを観想すべきである。
五　あなたにまといついている世俗的なものによって引き下ろされることなく、むしろそれらをあなたの救いのために用いて引き上げねばならぬ。なぜなら、それらはこの目的のために神によって意図されたものであって、至高の統治者である神はその創造にあたり無秩序なものを何一つ残されなかったからだ。

六　また人生のあらゆる出来事の中で外観に左右されたり、見聞きする事がらを肉の目をもって注視したりすることなく、かえってどんな場合にもモーセのように内なる幕屋《まくや》にはいり主のみ旨を尋《たず》ねるならば、あなたは時々神のお答えが現在と将来との多くの事がらについてあなたを教えるのを聞き得るであろう。

七　モーセは疑惑や不審を解こうとして、いつも神の幕屋におもむいた。

八　そのうえ人々の危害と迫害とを避けるため、祈りに助けを求めた。

九　そのように、あなたも神の助けを懇願《こんがん》するため、あなたの心の隠れた幕屋に退かねばならぬ。

一〇　わたしたちが読んでいるように、ヨシュアとイスラエルの子らとがギベオン人に欺かれたのは、彼らがあらかじめ主のみ口に相談することをしなかったからだ(ヨシュア九・一四)。

第三三章　人はそのわざにあせってはならないこと

イエス・キリスト

一　わが子よ、あなたの事件をわたしに委ねよ。わたしは適当な時機にそれを正しく処理するであろう。

二　わたしが処理するまで待つがよい。そうすれば、あなたはそれがあなたに有益であるのを知るであろう。

三　わが子よ、人はしばしばその願うものを得ようとして熱心に努める。しかしいったんそれを得れば、それについて違った考えを抱く。彼の願いは同一のものに長くとどまらず、次から次へと移って行くからだ。

四　だから、小事に自分を捨てるのも、決して容易なことではない。

五　人の真の進歩は自分を捨てるにある。そして自分を捨てる者は全く自由であり、安全である。

六　しかし、すべての善なるものに逆《さか》らう古い敵は、日夜誘惑の手をゆるめず、不用意な者をその偽りのわなにおとしいれようと、危険な計略をめぐらしている。

七　であるから、主は言われた。「誘惑に陥らぬように、目をさまして祈っていなさい（マタイ二六・四一）」と。

第三四章　人は自慢し得るなんの善をも持たないこと

弟　子

一　「ああ主よ、人は何者なので、これをみ心にとめられるのですか（詩篇八・四）」

二　人はなんの功徳があって、あなたの恵みを授けられるのでしょうか？

三　主よ、あなたから捨て去られたとしても、それをつぶやく理由がありましょうか？
四　わたしは自分としてなんの善も持たず、すべてのものに欠けており、いつもむなしいものに向かっています。
五　あなたに助けられ内から強められないかぎり、わたしは心がひややかになり、気がゆるむでしょう。
六　またわたしはいつも同じ状態を保つことができません。時と共に変るからです。
七　しかしながら、あなたがみ旨のままに、み手を伸ばしてわたしをお助けくださるならば、わたしはすぐ良くなるのです。なぜなら、あなたはひとり人の助けを借りないでわたしを助け大いに力づけてくださいますので、わたしはもはやさまざまのものによって気分が変ることなく、わたしの心は一転して唯一の善であられるあなたの中に安んじるようになるからです。
八　公平に考えてもわたし自身の功徳から言っても、あなたの恵みを望み、新しい慰めの賜物を喜ぶ資格はわたしにありません。
九　いつでも事が都合《つごう》よく行く時には、そのためあなたに感謝するのみです。
一〇　しかし、わたしはあなたからごらんになれば、むなしいもの無なるものにすぎず、よわい気まぐれな人間にすぎません。
一一　わたしは誇るべき何ものを持ち、尊敬されるどんな理由を持っているでしょうか？
一二　わたしは自分の無であることが尊敬されるのを望むでしょうか？　それこそまさにむなしいことの骨頂《こっちょう》であります。
一三　まことにうぬぼれは悪性の病であり、あらゆる虚無の最大のものです。それは人から真の光栄を引き抜き、天来の恵みをうばい去るからです。
一四　おお主よ、人は自分で喜ぶ時、あなたを悲しましめ、人の誉れを喜ぶとき、徳をうばい去られます。
一五　しかし、あなたを誇りとし、み名を喜びとし、自分の力や他の被造物をあなたのためよりほかに喜ばないことは、真の光栄であり、聖なる喜びであります。
一六　ですから、わたしの名やわざでなく、み名が崇められみわざがたたえられることを、また聖なるみ名が祝福せられ人の称賛がわたしに加えられないことを、わたしは祈ります。
一七　あなたこそわたしの光栄、わたしの心の喜びです。
一八　あなたをわたしは誇りとし、「自分の弱さ以外には、誇ることをしません（第二コリント一二・五）」
一九　ユダヤ人には互に誉れを求めさせましょう。わたしは神から来る誉れだけを求めます。
二〇　あらゆる人間的光栄、すべての一時的名誉、いっさいの世俗的偉大も、あなたの永遠の栄光に比べるならば、無であり愚かであるに過ぎません。
二一　おお、わたしの真理、わたしのあわれみである主よ、あなたにのみ讃美と誉れと力と栄光とが、永遠から永遠までありますように。アーメン。

第三部　内的慰めについて

第三五章　あらゆる世俗の栄誉を軽んじるべきこと

イエス・キリスト

一　わが子よ、他人が昇進栄達し、あなた自身が軽侮卑下《けいぶひげ》されるのを見ても、心を動かしてはならない。

二　あなたの心を天上のわたしに向けよ。そうすれば、この地上の人々の軽侮はあなたを悲しましめないであろう。

弟子

三　主よ、わたしたちは盲目であるため、自分の虚栄に引き込まれがちです。

四　もし自分を正しく省察するならば、わたしはどんな被造物からも不当に苦しめられていないことを認めるでしょう。

五　したがって、あなたに対して苦情をいうべきなんの理由も持たないのです。

六　わたしはあなたに対してしばしば重い罪を犯しましたので、あらゆる被造物がわたしに対して武器をとるのは当然です。
七　ですから恥と軽侮とはまさしくわたしにふさわしいものですが、讃美と誉れと栄光とはあなたに帰すべきものです。
八　またあらゆる人から軽侮され無視される心備えを進んでしないかぎり、わたしは内的に安定と平和を得ることも、霊的に啓発されて、あなたと全く結びつくこともできません。

第三六章　わたしたちの平安を人に置いてはならないこと

一　わが子よ、もしあなたが自分の意志に従って誰かと共に生活することを望み、その人に自分の平安を置くならば、安定と平和とを得ることは決してできないであろう。
二　しかし生きた永続する真理にたえずより頼むならば、友人が離れ去るか死亡するかしても、あなたは悲嘆することはあるまい。
三　あなたの友人への愛はわたしの上にもとづけるべきものだ。そしてあなたはこの世において尊重し敬愛する人々を、わたしのためにのみ愛さねばならぬ。
四　わたしを離れて、人の友情は価置もなく永続もしない。わたしの取り結ぶ愛のきずなでないかぎり、真実でも純粋でもあり得ない。
五　だから、あなたは、友人へのそのような愛情に全く死に切り、それがあなたの中に残っていたら、むしろいっさいの人間的交際を捨て去るべきである。
六　人はあらゆる地上の慰めから身を引くにつれて、いっそう神に近づくのだ。
七　またいよいよ低く自分の内へくだりゆき、ますます自分をさげすむにつれて、いっそう高く神の方へのぼりゆくのだ。
八　何かの善を自分に帰する者は、神の恵みが自分にくだるのを妨げる。聖霊の恵みはへりくだる心を常に求めるからである（ヤコブ四・六）。
九　もしあなたが自分を全く絶滅し、被造物への愛から完全に離脱するならば、わたしはさらに大きな恵みをあなたに注ぎ入れるであろう。
一〇　あなたの全注意が被造物の上に置かれるとき、あなたは造り主を見失なうのだ。
一一　だから、あなたの造り主のために、何事においても自分に打ち勝つことを学ぶがよい。そうすれば、あなたは神を知るに至るであろう。
一二　どんな小さいものでも過度に愛するならば、それはあなたを至上の善から引き離し、神のみ旨を痛ましめるようになるのだ。

第三七章　むなしい世俗の知恵を警戒すべきこと

イエス・キリスト

一　わが子よ、人の美しい巧みな言葉に惑わされてはならぬ。神の国は言葉になく、力にあるのだから（第一コリント四・二〇）。
二　心を燃やし精神を照らすわたしの言葉に耳を傾けよ。これこそざんげに導き、多くの慰めを与えるものだ。
三　学者と思われ賢者とみなされようとして、わたしの言葉を読むな。むしろあなたの悪徳を抑制しようとして学べ。それこそ多くの難問を解くにもまさって、大きな益をもたらすであろう。
四　多くの事がらを学んだのちに、あなたはなお一つの本源に帰らねばならぬ。
五　それは、人に知恵を授けるのはわたしであり、誰が与え得るよりもはるかに明確な理解をわたしがへりくだる者に与えるということだ。
六　わたしの言葉をきく者はたちまち賢明になり、霊的生活に多大の進歩をする。
七　災いなのは、人からめずらしいことをきこうと努め、わたしに仕える道を見いだすことにほとんど注意を払わない人々である。
八　やがてもろもろの師の師、もろもろの天使の主が現われて各人の課題をしらべ、つまり各人の良心を吟味される時が来るであろう。そのとき彼はともしびをもってエルサレムを尋ねまわり、暗きにある隠れたことを明らかにし、あらそい好きな人の舌を黙さしめられるであろう（ゼパニア一・一二　第一コリント四・五）。
九　わたしはまたたくまに人の心を照らし、彼が一〇年間学校で学ぶ以上のことを知らしめ得るのだ。
一〇　わたしは声を励まさず、説をもてあそばず、人の心を高ぶらせずに教える。

一一　わたしが人々に教えるのは、地上の持ち物を軽んじて世俗の事物をさげすみ、天上のことを求めて永遠なるものを慕い、名声を避けて辱しめを忍び、すべての希望をわたしにかけてわたし以外のものを望まず、万事にまさって真にわたしを愛することだ。

一二　かつてわたしを深く愛した人があった。わたしは彼に神秘なことを教え、彼は幽玄なことを語った。

一三　彼は玄妙な問題を学ぶよりも万事を捨て去ることによって、多大の進歩をしたのであった。

一四　わたしは、或る人には普通のことを教え、他の人には特殊な知識を授ける。

一五　或る人には表徴や模型によってなごやかにわたし自身を知らしめ、他の人には大きな光の中でひそかにわたし自身を現わす。

一六　書巻の声は同じであるが、それはすべての人を同様には教えない。わたしは真理の内的な教師、人の心の探究者、人の思いの鑑別者、よい行ないの報賞者であって、わたしが適当だと思った者に与えるのだ。

第三八章　外的なものにかかわりあってはならないこと

イエス・キリスト

一　わが子よ、あなたは多くのことに無知となり、あなた自身を地上では死んだ者、あなたにとって全世界を十字架につけられたものと思うべきである（ガラテア六・一四）。

二　あなたはまた多くのことを聾者のように聞き流し、むしろあなたの平安に寄与することを思わねばならぬ。

三　あなたを不快にすることからあなたの目をそむけること、各人にそれぞれの意見を持たせておくことは、彼らを争論に引き込むよりもはるかに有益である。

四　あなたが神と望ましい関係を保ち、その審判をかしこむならば、議論で負けても、それを忍ぶのは容易であろう。

弟　子

五　おお主よ、わたしたちはどこまで到達したのでしょうか？

六　わたしたちはこの世の損失を嘆き、小さい利得のために心配苦労しますが、霊的な損失は忘れ去って、最後のときにようやく思い出します。

七　わずかの価値しかないものや、なんの値打ちもないものに注意を払い、最も重大なことをなおざりにします。なぜなら、人は外的な事物に没頭し、速やかに自分に立ち返らないかぎり、それらのものに進んでおぼれてしまうからです。

第三九章　すべての人を信じてはならないこと、および わたしたちは言葉の上で誤りやすいこと

弟　子

一　おお主よ、悩みの中にあるわたしをお助けください。人の助けはむなしいからです（詩篇一〇・一二六）。

二　この人こそと期待した人に、わたしはいくたび信義を見いだし得なかったことでしょう！

三　それに反して、少しの期待もしなかった人に、いくたび信義を見いだしたことでしょう！

四　ですから人に望みをかけるのは無益です。

五　わたしたちは弱く定まりなく、欺かれやすく変りがちな者です。

六　時たま何かの欺きや惑わしに陥ることもないほど、賢明に自分を守り得る人が果たしてあるでしょうか？

七　しかしながら、おお主よ、あなたにより頼み、心を一つにしてあなたを求める者は、たやすく倒れることはありません。

八　たとい何かの患難に陥り、その悩みがどんなに激しくても、彼はすぐあなたに慰められ助けられるでしょう。あなたは終りまでご自身により頼む者を決してお見捨てにはならないからです。

九　なぜわたしは他人を軽々しく信じたのでしょうか？

一〇　多くの人がわたしたちを天使と見なしたとしても、わたしたちは弱い人間です。

一一　おお主よ、あなたのほか誰を信ずべきでしょうか？

一二　あなたこそ真理であり、欺くことも欺かれることもありません。

一三　しかし、すべての人は偽りやすく、よわく、定まりなく、思慮なく、特に言葉の上でそうであります。そのため見かけはどんなに真実そうでも、うかつに信じられないのです。

一四　賢明にもあなたは言われました。「人の敵はその家の者である（ミカ七・六）」

一五　注意してわたしの言うことを人に漏らすなと、人は言うでしょう。

一六　ところで、その人はすぐ出ていって、告げてはならぬといましめたそのことを他の誰かに語るのです。

一七　おお主よ、すべてそのような談話や信じるに足らぬ人々からわたしを守り、彼らの手に陥ることがないようにしてください（詩篇一二〇・二）。

一八　真実正確でまじめな言葉をわたしの口に入れ、狡猾《こうかつ》な舌をわたしから遠ざけてください。

一九　ああ、他人について沈黙を守り、すべてのうわさを信ぜず、他人の秘密を軽々しく伝えず、自分の心をわずかな人にのみ打ち明け、さまざまの言葉の風に吹きまわされず、万事が常にあなたのみ旨に従ってなされるように願うのは、いかによい、いかに平和をもたらすことでしょう。

二〇　売名的な論議からのがれ、賞賛を博することを願わず、ただ信仰の修養と生活の改善とを促す事がらのためにのみたえず励むのは、天来の恵みを保つ上にいかに安全でありましょう。

二一　その徳が人に知られ、あまりに早くほめられたため、害を受けた人はいかに多いことでしょう。

二二　またすべてが絶えざる誘惑と戦いとの中に過ぎて行くこのはかない人生において、神の恵みを隠して保ったために、多くの人がいかに大きな利益を得たことでしょう。

第四〇章　中傷者の鋭い矢を防ぐには神に信頼すべきこと

イエス・キリスト

一　わが子よ、健気《けなげ》であれ。そしてわたしに信頼せよ。

二　言葉は、しょせん、言葉にすぎないではないか！

三　それは空中を飛んで行くが、石を害《そこ》なうことはできない。

四　もしあなたに罪があるならば、喜んで改めようと思うべきであり、もし潔白を自覚するならば、神への愛ゆえに喜んで忍ぼうと考えるがよい。

五　あなたは大きな打撃にはまだ耐えることはできないにしても、時たまわずかな言葉を忍ぶのはなんでもないはずだ。

六　なぜそんな小事を苦にするのだ。それはあなたが今なおあまり肉的であり、人の思わくを気にし過ぎるからにほかならない。

七　というのも、あなたは軽侮されるのを怖れ、自分の過失が非難されるのを好まず、常に自己弁護をしようと努めているからだ。
八　もっと注意深くあなた自身を内省せよ。そうすれば、あなたは世俗があなたの内に生きており、それと共に人の気に入ろうとするむなしい願いが残っているのを見いだすであろう。
九　もしあなたが自分の欠点のために卑しめられ辱かしめられるのを好まないとしたら、それは、まだ真に謙遜でなく、真にこの世に死に切らず、またこの世があなたに対して十字架につけられていない(ガラテア六・一四)証拠である。
一〇　しかし、わたしの言葉に耳を傾けよ。そうすれば、あなたは人の千万の言語をも意に介しなくなるであろう。
一一　たといどんな悪口が故意につくり上げられてあなたに語りかけられたとしても、あなたがそれらを聞き流し、単にもみがらと見なすならば、あなたになんの害を加えることができよう?
一二　そのような雑言があなたの頭髪を一本でも引き抜くことができようか(ルカ二一・一八)?
一三　けれども内心落ちつきなく、神を目の前に認めない人は、非難の一語にもたやすく乱されがちである。
一四　それに反して、わたしに信頼し自分の目に自分を正しいとしない者は、人を恐れることから免れるであろう。
一五　なぜなら、わたしは審判者であり、いっさいの秘密を知っているからだ。
一六　わたしはどうして万事が起るかを知り、また不正を行なう者とその害を受ける者とを知っている。
一七　その言葉はわたしから発したのであり、これはわたしの許しによって起こったのだ。「それは多くの人の心にある思いが現われるようになるためである（ルカ二・三五）」

一八　わたしは罪のある者と罪のないものとをやがて審くであろうが、あらかじめ両者をわたしのひそかな審きによってためそうと欲したのだ。

一九　人の証言は誤ることがあるけれども、わたしの審きは確実である。それは堅く立って、くつがえることはない。

二〇　それは多くの人に隠され、わずかな人に現わされる。とはいえ、時として無知な人の目に不正に見えることがあっても、決して誤ることはない。

二一　であるから、あなたはどんな場合にもわたしに助けを求めるべきであり、あなた自身の判断によってはならぬ。

二二　しかし正しい人は、どんなことが神の許しによってふりかかってきても、惑わされることはないであろう（箴言一二・二一）。

二三　たといどんな不当なことが彼に対して言われても、彼はさして煩《わずら》わされないであろうし、また他人から弁護されても、無暗に喜ばないであろう。

二四　なぜなら心の奥底までも深《さく》り知る者はわたしであり、わたしが人の外面と見せかけとによらないで審く者である（黙示二・二三、詩篇七・九）ことを、彼は考えているからである。

二五　それというのも、わたしの前では非難に値いすることが、人の判断では賞賛を受けることもしばしばあるからだ。

第四一章　永遠の生命のため、すべての試練に耐えるべきこと

イエス・キリスト

一　わが子よ、あなたはわたしのために引き受けた労苦に失望したり、なんらかの患難に落胆したりしてはならない。わたしの約束をあらゆる場合におけるあなたの力および慰めとするがよい。

二　わたしはいろいろの方法により、すべての思いをこえて、あなたに報いること（創世一五・一）ができる。

三　この地上におけるあなたの労苦と患難とは、決して永続しないであろう。

四　今しばらく待つがよい。そうすれば、あなたはまもなく自分の試練が終るのを見るであろう。

五　やがて時が来れば、労苦と不安とはやむであろう。

六　時と共に過ぎゆくものは、みなつまらない短命なものだ。

七　あなたのしていることを十分にし、わたしのぶどう園で忠実に働け。わたしはあなたの報酬となるであろう。

八　書け、読め、悲しめ、黙れ。祈れ、働け、雄々しく逆境に耐えよ。永遠の生命はこの戦いとこれより激しい戦いとにふさわしい報いであるから。

九　永遠の光、無限の輝き、永続する平和、不安のない休息が実現する日は来るであろう。

一〇 その時あなたは「だれがこの死の体からわたしを救ってくれるだろうか（ローマ七・二四）」とは言わないであろう。

一一 また「災いなるかな、わが世に住んでいた日は長引いた（詩篇一二〇・五）」とも叫ばぬであろう。

一二 なぜなら、その死は追放され、救いは永続し、もはや窮乏も恐れもなく、甘美な愛の交わりから生じる恵まれた喜びがあるだけだから。

一三 ああ、もしあなたが天上において聖徒たちに授けられる永遠の冠を一瞥《いちべつ》し、かつてこの世に生きる資格がないとまで侮《あなど》られた彼らがいかに大きな栄光を受けるかを一瞥したら、あなたは必ず地の塵にまで自分を低くし、衆人の上になるどころかむしろ下になることを欲するであろう。

一四 また世にあって楽しい日を送りたいと願わぬのみか、むしろ神のために責められることを喜びとし、人々のあいだで無視されることをはなはだ有益だと考えるであろう。

一五 ああ、これらの真理があなたにとって快く、あなたの心に深く沁《し》み入《い》るならば、どうしてあなたはなおも不平を言うことができよう？

一六 わたしたちは永遠の生命のためにあらゆる苦難を喜んで忍ぶべきではないか？

一七 であるから、あなたの目を上げて天上のわたしを仰ぎ望み、またわたしとわたしの聖徒たち、すなわち世にあって激しく戦った彼らが、今やいかに喜びかつ慰められているかを見るがよい。今や彼らは安全であり、不安のない休息を味わっており、わたしと共に永遠にわたしの父の国にとどまるであろう（ソロモン五・一五）。

第四二章　永遠の生命を望むべきこと、および終りまで戦う者に大きな祝福が約束されていること

イエス・キリスト

一　ああ、わが子よ、あなたは永遠の祝福に対する渇望があなたの内に注がれていることを感じ、またわたしの不変の栄光を仰ぎ見るためにあなたの肉体からのがれ出ることを願うならば、あなたの心を広く開き、この聖なる霊感を熱烈に受け入れるがよい。

二　あなたが患難の重みによって地上の事物の中に沈み込まないように、かくも恵み深くあなたをあしらい、あわれみ深くおとずれ、熱心に引き立て、力強く励まされる天来のご慈愛に、大きな感謝をささげるがよい。

三　これらのいっさいを得るのは、あなた自身の思慮や努力によるのでなく、天来の恵みと神のかえりみとの熱意にのみよるのだ。それはあなたが謙遜の徳に進み、将来の戦いに備え、また全心をもってわたしによりすがり、熱誠をもってわたしに仕えるためである。

四　わが子よ、火はしばしば燃えるけれども、焔は煙と共でなければ燃え上らない。

五　そのように或る人々の希望も天上のものに向かって燃え立っているが、まだ肉の誘惑から免れ

ていないのだ。

六　だから彼らがすこぶる熱心に神を求めていることも、全く純粋に神の栄光を目指しているとはいえない。

七　神に対するあなたの祈りもまたそのようなものだ。あなたの利己心から出るものに純粋完全なものはあり得ないから。

八　あなたにとって楽しく好都合であることを願わず、わたしの意にかない、わたしの栄光に役立つことを求めよ。あなたの判断が正しければ、あなたは自分の願いや自分の求めているものにまさって、わたしの指図を喜ぶはずである。

九　わたしはあなたの願いと嘆きとをきいた。あなたは神の子たちの光栄ある自由を受けることを願い、永遠の住まいと喜びにみちる天父の国とを求めている。

一〇　しかし、その時はまだ来ない。今はそれとは別の時であり、戦いと労苦と試練との時である。

一一　あなたは無上の祝福に満たされたいと望んでいるが、それはこの地上では得られない。

一二　あなたはこの地上でまず試みられねばならぬ。まず多くの仕方でためされねばならぬ。

一三　時おり慰めを与えられることもあろうが、それもあなたを十分満足させるほどではない。

一四　本性に反することをしたり忍んだりする時には、勇ましくかつ強くあれ。

一五　あなたは新しい人を着、別人にならねばならぬ（サムエル上一〇・六、エペソ四・二四）。

一六　自分の好まぬことをしばしば実行し、好むことを放置しなければならぬ。

一七　他人の喜ぶことは成功し、あなたの喜ぶことは失敗するであろう。

一八　他人の言うことは聞かれ、あなたの言うことは無視されるであろう。

一九　他人は求めて与えられ、あなたは求めても聞かれぬであろう。

二〇　他人は賞賛され、あなたは黙殺されるであろう。

二一　他人はあれこれの地位に任じられるであろうが、あなたは無用の者と思われるであろう。

二二　たといあなたが黙してそれを忍んでも、あなたの本能は時としてそれを悲しみ、あなたの内に大きな戦いをひき起こすであろう。

二三　これらのことやその他多くの事がらにおいて、神の忠実なしもべは自分をどれほど捨て得るか、自分の意志を万事にどれほど挫き得るかをためされるのだ。

二四　あなたの意志に反することを見たり忍んだりする時、ことに不合理とも無用とも思われることを命じられる時ほど、自分に打ち勝つことの困難である場合はあるまい。

二五　あなたは上にある権威に逆らうことをあえてしないので、自分の判断を他人の意志に従わせ、自分の意見を捨て去ることを困難であると思うのだ。

二六　しかし、わが子よ、これらの労苦の結果を見よ。その短い期間ときわめて大きな報いとを見よ。そうすれば、それらはあなたにとって悲しみの種となる代りに、辛抱強く忍びさえすれば、慰めとなるであろう。

二七　なぜなら今あなたの意志を進んでわずかばかり犠牲に供することによって、あなたは天上において永遠にあなたの意志をなし得るであろうから。

二八　そこであなたは自分の欲したすべてのことと自分の願ったあらゆるものとを見いだすであろう。

二九　そこではもろもろの善なるものを、それらを失う恐れなしに、所有することができるであろう。

三〇　そこではあなたの意志は常にわたしの意志と一致し、わたしを離れて何事かを願うことはないであろう。

三一　そこではだれもあなたに逆らわず、あなたのことをつぶやかず、あなたを妨げないであろう。それどころかあなたの願うものはことごとく得られるであろうし、あなたの願いは完全に満たされるであろう。

三二　そこではあなたの受けた非難は、永遠の栄光によって、あなたの悲しみは称賛によって報いられるであろう。そして地上の最も低い地位に対して、わたしはとこしえの王国の輝く玉座を与えるであろう。

三三　そこでは従順の結果があらわになり、あなたの忍耐の行為とあらゆる謙遜な服従とは栄光の冠となるであろう。

三四　だから、だれがああ言ったとか、こう命じたとかを気にしないで、他人の意志に自分の意志を謙遜に屈するがよい。

三五　そして、あなたの目上か、同輩か、下級者かが、あなたに何事かを要求した時には、常にこころよくそれを受けいれ、進んでそれを行なおうとする好意を示すがよい。

三六　他人があれこれのものを求め、各人がそれぞれの意志を誇り、幾千度となく称賛をかちえたとしても、あなた自身としては、そのようなことを喜びとせず、むしろあなた自身をさげすむことと、わたしの意にかない、わたしの誉れをあらわすことのみを喜びとせよ。

三七　この一事、すなわち生きるにも死ぬにも常にあなたによって神が崇められることを（ピリピ一・二〇）あなたの願いとすべきである。

第四三章　孤独な人は自分を神のみ手に委ねるべきこと

弟　子（信従の祈）

一　おお主なる神、聖なる父よ、今もいつまでもあなたがあがめられますように。あなたの望まれることは、その通りになるからです。

二　あなたのしもべはあなたを喜びとし、自分をも他のだれをも喜びとしないでしょう。あなたこそわたしの唯一の望み、わたしの喜び、わたしの冠、わたしの栄光です。

三　あなたのしもべはあなたから受けたものしか持っていません。しかも、それすら自分の功徳によるものではないのです（第一コリント四・七）。

四　あなたがわたしに与え、わたしのためになさったことは、すべてあなたのものです。

五　わたしは貧しく、わたしの魂は幼い時から労苦し、ひとりで忍ぶ苦しみのために悲しみの涙を流すことがたびたびあります（詩篇八八・一五）。

六　あなたが平安を与え喜びをお授けになるならば、あなたのしもべの魂は歌にみち、あなたを高らかにほめたたえるでしょう。

七　しかし、あなたがしばしばなさるように、その平安を取り去られるならば、わたしの魂はあなたのいましめの道を走ることができません(詩篇一一九・三二)。

八　愛する父よ、あなたのしもべのためされるべき時は今やまいりました。

九　しばらくのあいだ、しもべは低くされ、人の目には落ちぶれ、また病気や苦難に悩まねばなりません。それは新しい光のあかつきにあなたと共に再び起ち、天上において栄光を受けるためです。

一〇　おお主よ、あなたの審きの正しさを知るためにも、わたしの心からすべての誇りと高ぶりとを追いやるためにも、あなたがわたしを低くされたことは有益です(詩篇一一九・七一)。

一一　おお、愛する父よ、あなたのみ手にわたし自身とわたしの矯正すべきいっさいのものとをお任せします。この世で罰せられるのは後の世で罰せられるよりもよいからです。

一二　わたしの進歩のために何が有益であり、わたしの弱点のさびをぬぐい去るのに患難がいかに役に立つかを、あなたはご承知です。

一三　あなたのみ旨のままにわたしをあしらってください。そして、あなたにのみ知られているわたしの罪深い生涯をお見捨てにならないでください。

一四　おお主よ、わたしの知るべきことを知り、愛すべきことを愛し、あなたの最も喜ばれるものをほめたたえ、尊ばれるものを高く見つもり、あなたの目に汚れと見えることを忌み嫌わせてください。

一五　わたしが肉眼で見たことや愚かな人から聞いたことによって判断せず、かえって見えるものと霊的なものとを見分け、とりわけあなたのみ旨を求めるようにしてください(イザヤ一一・三)。

一六　人は他人からあがめられたからといって、どれほどよくなるでしょうか？

一七　人が他人にへつらうのは、欺く人が欺く人を、むなしい者がむなしい者を、盲人が盲人を、病者が病者を欺いているのにすぎません。彼らが互にむなしいほめ合いをすればするほど、それは彼らの恥に変るのです。

一八　なぜなら、各自はあなたの目に偉大であるだけ偉大であり、それ以上ではないと、謙遜な聖フランチェスコは言っています（ボナヴェントゥラの著したアシージの聖フランチェスコの伝記の中に、同様な言葉が見いだされる）。

第四四章　高いわざをなすべき地位にいない時には低いわざにたずさわるべきこと

イエス・キリスト

一　わが子よ、あなたはいつも熱烈な願望をたもち、高度の黙想をつづけることはできない。人間本性の弱さのため、必ず降下して、この朽《く》ちゆく生の重荷を、悲しみをもってになわなければならない。

二　この死ぬべき肉体をまとっているかぎり、あなたは心の悲しみと弱さとを感じるであろう。

三　そこで、霊的な修行や神の黙想にたえず専念しようとするのを妨げる肉の重圧下にあって、あなたは魂がうめくのをしばしば経験するであろう。

四　そのような場合には、なんらかの低い外的な労働に身を委ね、わたしの来臨と天からの訪れとを確信をもって待ち望みつつ、よい仕事をして気分を変えるのが有効である。またわたしがあなたを訪れてもろもろの憂慮から解き放つ時まで、あなたの心の寂しさに辛抱強く堪えることが必要である。

五　そうすれば、あなたはいっさいの労苦を忘れ、内的な平安を味わい得るであろう。

六　その時わたしはあなたに聖書を解き明かし、あなたが朗かな心をもってわたしのいましめの道を走りゆくようにするであろう（詩篇一一九・三二）。

七　またその時あなたは言うであろう、「今の時の苦しみは、やがてわたしたちに現わされようとする栄光にくらべるに足りない（ローマ八・一八）」

第四五章　人は慰めよりもむしろ懲しめを受けるべきものであること

弟子

一　主よ、わたしはあなたの慰めと霊的な訪れとを受けるに足りない者です。ですから、あなたが貧しさと寂しさとの中にわたしを捨て置かれても、あなたの処置は当然なのです。

二　たとい海ほど涙を流しても、わたしはあなたの慰めを受けるに値いしないでしょう。

三　主よ、わたしはただ懲《こら》しめられ罰せられるにふさわしい者です。なぜなら、あなたに対して重い罪を犯し、み前に多くの悪を行なったからです。

四　ですから、このことを真剣に考えると、わたしは少しの慰めを受けるにも値いしないのです。

五　しかしながら、おお、恵み深くあわれみ豊かな神よ、あなたはご自身のみわざの滅びるのをお望みにならず、あなたの恵みの富を現わそうとして、あらゆる人間の思いにこえて、あなたのしもべをお慰めになります。

六　あなたの慰めは、人々がむなしい言葉によって互に与え合うような慰めではありません。

七　主よ、わたしが何をしたからとて、あなたは天からの慰めをわたしにお与えくださるのですか？

八　わたしはなんの善をもした覚えがないのみか、常に悪に傾き、それを改めるにものろい者でした。

九　これは本当であって、否《いな》むことはできません。

一〇　もしわたしがこれ以外のことを言ったならば、あなたは必ずわたしに逆《さか》らわれるでしょう。

一一　自分の罪のため地獄と永劫の火のほかに、わたしは何に値いするでしょうか？

一二　わたしはあらゆる嘲笑と侮蔑とを受けるべき者であることを、誠実に告白いたします。

一三　罪にみち汚れにおおわれた人間であるわたしが、このほか何を言うことができましょう？

一四　わたしは罪を犯しました、わたしをあわれみ、わたしをゆるしてくださいということの一事のほか、わたしはなんの言うべきこともないのです。

一五　あなたはあわれむべき罪びとから、そのあやまちを悔《く》いて自分を低くすることよりほか、何を要求されるのでしょうか？

一六　心が真に悔いてへりくだるとき、神のあわれみに対する希望は再び生まれ、悩める良心は和《やわ》らげられ、失われた恵みは回復され、人は来たるべき神の怒りから守られるのです。そして神と悔いた魂とは聖なる抱擁をもって相会するのです。

一七　へりくだって罪をくやむ心は、あなたのよみされる供え物であり、あなたの前には焼香よりもかぐわしいのです。

一八　それこそあなたの清いみ足に注ぐことを許されたあのこころよい香油でもあります。それというのも、悔いたへりくだった心をあなたは決して軽しめられないからです（詩篇五一・一七）。

一九　ここに荒ぶる敵の顔からのがれる場所があります。

二〇　よそで犯したあやまちはここで改められ、ほかで汚されたものはここで清められるのです。

第四六章　神の恵みと世俗の知恵とは両立しないこと

イエス・キリスト

一　わが子よ、わたしの恵みは尊いので、外的事物や地上の慰めと混同されることは許されない。

二　だから、その妨げとなるいっさいのものを取り去り、恵みがあなたのうちに注ぎ込まれることを熱望せよ。

三　ひとりおることを選び、人との談話を求めず、熱い祈りを神に注ぎ出し、そうすることによって悔いた心と清らかな良心とを保つようにするがよい。

四　全世界を無であると思え。

五　あらゆる世俗のものにまさって、わたしにあなたの心を向けよ。

六　あなたはわたしと共にいながら、同時に世俗のものを愛することはできない。

七　知人や友人からあなた自身を遠ざけ、世俗の慰めからあなたの心を解き放たねばならぬ。

八　聖なる使徒ペテロは、キリストに忠信な人々に、あなたがたは異《い》邦人《ほうじん》また巡礼者として（第一ペテロ二・一一）この世に処すべきであると警告している。

九　ああ、この世のものに執着《しゅうちゃく》しない者は、死に臨《のぞ》んでいかに大きな確信をいだくことであろう！

一〇　しかし精神の弱い人は、心がいっさいの事物から全く離脱しなければならないことを会得《えとく》し得ず、肉的な人は霊的な人の自由を理解しない。

一一　とはいえ真に霊的になろうとする人は、疎遠《そえん》な人をも親密な人をもすべて放棄し、何ものにもまさって自分に注意しなければならない。

一二　もしあなた自身に完全に打《う》ち勝ち得るならば、他のいっさいのものにもたやすく打ち勝ち得るであろう。

一三　完全な勝利は自分に対する勝利である。

一四　なぜなら自分に打ち勝って、肉を理性に服せしめ、理性を万事においてわたしに服せしめ得るほどになった人は、まことに自我の征服者であり、全世界の君主であるから。

一五　もしあなたが完徳のこの高みに登りたいと思うならば、雄々しくそれに着手し、あらゆる自己追求ともろもろの世俗的事物に対するすべての隠れた執着とを排除し打破するために、根に斧を置かねばならぬ。

一六　過度の自愛という悪徳から、ほとんどすべての他の悪徳はわきでるのであるから、それは根だやしすべきものだ。

一七　したがって、この悪が征服され除去されるならば、大きな平和と安静とは、すぐそれに従うであろう。

一八　ところが全く自我に死に切り、完全に自我を脱却しようと努める人は至って少ないので、多くの人は自分について苦慮しつづけ、自分以上に魂を高めることができないのだ。

一九　しかし、わたしと共に自由に歩みたいと思う人は、だれでも自分のあらゆる過度の欲望を抑え、どんな被造物に対しても利己的な愛をいだかぬようにしなければならぬ。

第四七章　人の本性と神の恵みとのさまざまの動きについて

イエス・キリスト

一　わが子よ、神の恵みと人の本性との動きにこまかい注意をはらうがよい。両者は互に著しく相反し、その動き方の微妙なことは、霊的で篤信でしかも天来の光を受けた人でも、ほとんど見分けがたいほどである。

二　実際すべての人は良いものを求め、その言葉と行為とがよく見えるように努めている。そのため善の外観によって多くの人は欺かれる。

三　本性は狡猾で、籠絡的《ろうらくてき》で、多くの人を欺き、常に自利を追求する。

四　しかし恵みは単純に歩み、すべて悪く見えることを避け、計略を用いず、万事をただ神のためにのみ行ない、その願いと意向とを神の中に置く。

五　本性は死ぬことを欲せず、屈服することも克服されることも望まず、他に服従することをきらう。

六　しかし恵みは自分の意志と利己心との抑制に努め、肉欲に抵抗し、服従の状態にあることを求める。それは克服されることを望み、自分の自由を楽しむことを願わない。規律の下にあることを好み、他を支配することを欲せず、常に神の下に生きかつとどまることを喜ぶ。そして神のために自分をあらゆる被造物に服従させようと用意する。

七　本性は自分の慰めのために動き、自分の利益を求め、他から得ようとする。

八　しかし恵みは自分に有用であるか便宜《べんぎ》であるかを思わず、多くの人に有益であることを考える（第一コリント一〇・二四）。

九　本性は名誉や尊敬を受けたがるが、恵みはいっさいの名誉と尊敬とを全能の神にささげる。

一〇　本性は恥辱や軽侮を恐れるが、恵みはイエスのみ名のために非難や不正を受けることを喜ぶ（使徒五・四一）。

一一　本性は閑暇《かんか》と休息とを好むが、恵みは怠惰であり得ず、進んで労役に服する。

一二　本性は珍奇な美麗なものを求め、安価な粗末なものをあざけるが、恵みは単純卑賤なものに満足し、不断着を着ることを好む。

一三　本性はこの世の富を尊重し、地上の利得を喜び、損失を悲しみ、わずかなことに憤激する。

一四　しかし恵みは永遠のものを思い、世俗のものに執着しない。どんな所有物を失っても悲しまず、苦言を聞いても怒らない。何ものも滅び失せない天国に、その宝と喜びとを置いているからだ。

一五　本性は貪欲《どんよく》であって、与えるよりも受けようとする。

一六　しかし恵みは寛大自由であって、風変りを避け、わずかのものに満足し、受けるよりも与えることをいっそう幸いだ（使徒二〇・三五）と思う。

一七　本性は被造物と、自分の肉欲と、虚栄と、散策とに傾く。

一八　しかし恵みは神と徳とに向かい、被造物の世界から離れ、肉の願いを憎み、無用の旅や時間つぶしを差し控え、公衆の前に出るのをはずかしく思う。

一九　本性は自分を楽しますような外的慰めを好む。

二〇　しかし恵みはただ神にのみ慰めを求め、いっさいの喜びを至上善に置く。

二一　本性は万事を自分の利益と取得とのためにし、報酬なしには何事をもしようとしない。またその仕事や才能が高く評価されることを願い、おのおのの善行に賞賛や恩顧《おんこ》を期待する。しかし恵みは世俗《せぞく》の報酬をも、神以外からくる賞賛をも求めない。

二二　本性の要求に悲しみつつ仕える者は、真理の御霊《みたま》が自分の内に語るのを覚《おぼ》える。

二三　この御霊《みたま》はそのような人に、世俗のものをさげすんで天上のものを愛し、この世を軽んじて日夜《にちや》天国を待ち望むべきことを教えるのだ。

第四八章　神の愛の驚くべき効果について

一　愛は偉大なものであり、偉大な祝福である。普通なら重いものをも愛のみは軽くし、あらゆる害悪をも愛は平気で耐え忍ぶ。

二　愛は重さを感ぜずに重荷を運び、にがいものをも甘い味のものにするからだ。

三　イエスへの愛は高貴であって、偉大な行為へ人を押しやり、より高い完徳を求める心を常に呼び覚ます。

四　イエスへの愛は他のあらゆる愛を排除し、地上のものに引きもどされることを欲しない。

五　キリストへの愛は自由になり、世のもろもろの情愛から遠ざかることを願う。それは内なる霊がどんな世俗的関心にも妨げられ煩《わずら》わされず、どんな逆境にも負けないためである。

六　天にも地にも愛ほど美しい、強い、高い、幸《さいわ》いな、尊いものは何ひとつ存在しない。なぜなら愛は神から生れるものであり、愛はよろずの被造物の上にあって、神以外のものには安んじ得ないものであるから。

七　愛は走り、飛び、幸福で、自由であり、何ものにも引きもどされない。

八　愛はその目を賜物にとめず、あらゆるよいものの与え主に向ける。

九　愛はしばしば限度を知らず、いっさいの限度をこえて燃えあがる。

一〇　愛は重荷を感ぜず、労苦を厭わず、なし得る以上のことをなそうとする。
一一　愛は何事をも不可能と思わず、すべてのことを同等に感じる。
一二　愛は目覚《めざ》めていて眠らず、他の者が疲れても決して疲れず、窮乏の中にあっても困惑《こんわく》せず、燃えさかる焔のように常に上昇し、すべての障害《しょうがい》を突破してその道を確実に開いてゆく。
一三　愛は敏捷《びんしょう》で、明朗で、温和で、幸福で、快活で、勇敢で、辛抱強く、物堅《ものがた》く、慎《つつし》み深《ぶか》く、雄々しく、決して私利《しり》を追求しない。
一四　なぜなら、私利を追求するとき、人は愛から落ちるからだ。
一五　愛は慎重で、謙遜で、公正であり、柔弱《じゅうじゃく》でも軽薄でもない。むなしいことを思わず、沈着で、貞潔で、堅実である。
一六　万事を忍ぶ覚悟をして愛する主のみ旨に合致しようとしない人は、愛の人といわれる資格がない。
一七　愛の人は愛する主のためにあらゆる患難辛苦《かんなんしんく》をも甘受《かんじゅ》し、どんなに不快な事件が起こっても、主から離れ去らない者でなければならぬ。

第四九章　真の愛ある人がためされることについて

イエス・キリスト

一　わが子よ、あなたはまだ強い賢い愛の人とはいわれない。

二　ごく小さい困難にもあなたは意気阻喪《いきそそう》し、慰めをあまり求め過ぎるからだ。

三　強い愛の人は、誘惑にも堅く立ち、敵の狡猾な甘言をも気にとめない。

四　彼の心はわたしに対して真実であること、逆境の時も順境の時と変らない。

五　強い愛の人は、愛する主の賜物を、与え主の愛以上には思わない。

六　彼は主の貴重な賜物よりもはるかに多く主の愛情を思う。というのは、愛する主をもろもろの賜物にまさって尊ぶからである。

七　高貴な愛の人は、賜物のうちに安んぜず、あらゆる賜物をこえてわたしのうちに安んじる。

八　だから、あなたは、自分で願っているほど深い愛をわたしとわたしの聖徒たちとに対して感じ得ない時も、万事休すと思ってはならぬ。

九　あなたが時おり感じるこの快適甘美な愛情は、現実の恵みの結果であって、天父の国の祝福の前味ではあるが、あなたはそれにあまり頼り過ぎてはならぬ。それは来てはまた去って行くからだ。

一〇　それよりもむしろもろもろの悪念や本性の動きと戦い、悪霊の誘惑をさげすむことこそ、高貴な徳であり、はなはだ功徳があるのだ。

一一　だから、どんな本源から発するにせよ、奇怪な空想によって惑わされてはならない。

一二　あなたの決意を堅持し、神への正しい意向を持続するがよい。

一三　時々あなたは突然崇高《すうこう》な観想の高みにのぼり、たちまち普通の無用な思想に再び引き下ろされることがあるが、それは決して錯覚《さっかく》ではない。

一四　そのような思いはあなたにとってやむをえないものであり、あなたがそれに反撥し抵抗するかぎり、それは無害であって、あなたの功徳の機会となるのだ。
一五　あなたの知るべきことは、敵があなたのよい決意の結果を破壊し、すべての霊的修行と、聖徒たちへの請願《せいがん》と、わたしの苦難の冥想《めいそう》と、あなたの罪の有益な吟味と、あなたの心の警戒と、徳に進もうとする堅固な決意とから、あなたを引き離そうとしてあらゆる努力をしているということだ。
一六　敵はあなたの心に多くの悪念を注入して、あなたを悲哀と倦怠《けんたい》とに陥《おち》らしめ、そうして祈祷と霊的読書とからあなたを引き離そうとしている。
一七　謙遜な聖体拝受のためのざんげは敵のきらっていることであり、彼はあなたが聖餐《せいさん》にあずかることをすら妨げようとするであろう。
一八　彼があなたのためにどんな計略を用いても、彼を信じることなく、むしろ軽蔑せよ。
一九　彼が悪念邪情を吹き込むならば、決して彼を許さずに言うがよい、「去れ、汚れた霊よ！恥を知れ、悪魔よ！　わたしの心にそんなものを吹き込むおまえは、汚れそのものにほかならない」
二〇　「わたしから去れ、極悪《ごくあく》の偽り者よ！　おまえはわたしとなんの係りがあるのだ。イエスは勇ましい戦士としてわたしと共においでになるから、おまえはあわてるにきまっている」
二一　「おまえの言うことをきくくらいなら、むしろ死んで呵責《かしゃく》を受ける方がましだ」
二二　「だまれ！　言うな！　これ以上わたしを悩まそうとしても、おまえの言うことはもう聞かぬ」
二三　「主はわたしの光、わたしの救いだ、わたしはだれを恐れよう（詩篇二七・一）」
二四　「わたしの心は恐れない（詩篇二七・三）」
二五　「主はわたしの助け主、わたしのあがない主である（詩篇一九・一四）」

二六　わが子よ、雄々《おお》しい騎士のように勇敢に戦え。
二七　時々弱さのため倒れることがあっても、前よりもいっそう大きな力をもって起ち上り、さらに大きな恵みにより頼め。ただ努めてむなしいうぬぼれと高ぶりとを警戒せよ。
二八　それというのも、高ぶりのために多くの人はあやまちに陥り、しかも時には絶えざる盲目に沈んだからだ。
二九　高慢不遜な人の堕落を見て、自分をいつも謙遜にする訓戒および警告とするがよい。

第五〇章　神の恵みと謙遜とを持続すべきこと

イエス・キリスト

一　わが子よ、信仰に進む恵みを隠して、それを誇らず、吹聴《ふいちょう》せず、大ごとに思わず、むしろあなた自身をさらに低く考え、この恵みがそれを受けるに足りない者に与えられたと信じることは、あなたにとっていっそう安全であり有益である。
二　あなたは、たちまち変化するその敬虔な感情に頼み過ぎてはならない。
三　恵みに浴した時には、恵みがなければあなたはどんなに邪悪なみじめな者であったかを思うがよい。
四　霊的生活の進歩は、内的な慰めの恵みを得るところにあるよりも、むしろそれを奪われたことを謙遜と忍耐とをもって忍び得るところにある。すなわちあなたが自分の良い習慣に従って平素行なっている祈りを怠ったり、その他の修行をなおざりにしたりすることなく、かえってあなたの最善を尽して行ない、心の寂寞や憂慮のためにそれらを省略しないところにある。

五　重要なことが思うようにならないからといって、短気や投げやりになる人が多い。

六　しかし人の道は常にその人の手中にはない。それは神に属しているので、神がよしとされる時に、その善意に従って慰めをお与えになるだけだ（エレミヤ一〇・二三）。

七　信仰に進む恵みを無思慮に使用したため、自分の破滅を招いた人がある。それは自分の弱さを量《はか》らず、健全な理性よりも心の欲望に従って、自分の能力以上のことをなしとげようとしたからである。

八　神のみ旨にかなう以上のことを、あえてしようとして、たちまち神の恵みを失ったのだ。

九　みずから天上に巣を作ろうとした人は、貧しいみじめな者に成りさがった。それは低く貧しくなって、自分の翼では高く飛び得ぬことを悟り、わたしの翼の下により頼むようになるためである。

一〇　主の道にまだ新参《しんざん》未熟《みじゅく》でありながら、賢明な人の忠言によって指導されることを欲しない人は、わけなく欺かれ倒されるであろう。

一一　神の老練なしもべたちの勧めよりも自分の思慮に従うことを好むならば、自分の考えを差し控えないかぎり、その終りは危険に陥るであろう。

一二　自分自身の目に賢明に見える人は、他人の指図《さしず》を受けようとするほど謙遜になることがまれである。

一三　謙遜であってわずかな知恵と適度の理解力とを持つのは、自分を欺きつつ知識の宝庫を持つのにまさっている。
一四　才能があなたを誇らせるようであったら、それを多く持つよりも少く持つ方がよい。
一五　喜びにのみ気をとられて、さきに自分が貧しかったことを忘れ、自分に与えられた恵みが失われはしないかと気づかって、主に対するあの清らかな恐れを忘れるのは、賢明な行為ではない。
一六　また逆境や困難に際して失望落胆し、わたしに対する信頼の欠如を示すような思いを募《つの》らせる者も、賢明な人ではない。
一七　平和な時に自由と安全とを味わいすぎる人は、試練に際して失望に陥り、心配に閉されがちである。
一八　もしあなたが常に謙遜であり、自分の目に小さく見え、自分の精神を抑制《よくせい》し統御《とうぎょ》するならば、そんなにたやすく危険と罪とに陥ることはないであろう。
一九　主の恵みの光が取り去られたならば、自分はどんなに感じるであろうかと、霊的に燃えているとき考えてみよ、とはよい忠言である。
二〇　この恵みがあなたから取り去られた時には、わたしの栄光とあなたへの警告とのためわたしがしばらく引き取ったその光は再びあなたにかえってくるであろうと信じるがよい。
二一　そのような試練は、あなたが自分の思いのままいつも栄えているよりも、あなたにとっていっそう有益なのだ。
二二　なぜなら、功徳は、人のうける幻示や慰めによっても、聖書の知識によっても、高い地位によっても測《はか》られない。ただその人が真の謙遜の上に堅く立ち、神の愛に満たされ、一意専心神の栄光を求め、たえず自分を無視し、真剣に自分をさげすみ、要するに他人からほめられるよりもむしろ辱かしめられることを喜びとするかどうかによってのみ知られるからである。

第五一章　万事をその究極目的たる神に帰すべきこと

イエス・キリスト

一　わが子よ、もしあなたが良くなることを真剣に望むならば、わたしをあなたの主要な究極の目的としなければならない。

二　この思いは、現にあなた自身と被造物へ不当にもしばしば向けられているあなたの情愛をきよめるのに役立つであろう。

三　何ものかの中にあなた自身を求めるとき、あなたはたちまち霊の寂寞に苦しみ始めるであろう。

四　だから万事をわたしに帰するがよい。そもそもそれらのすべてを与えたのはわたしなのだから。

五　万事を至上善から流れ出るものと見なすがよい。またそれであるから、あなたはその水源であるわたしに万事を帰すべきである。

六　小さいものも大きなものも、貧しいものも富むものも、すべてのものは一様に、生ける泉《いずみ》からくむように、わたしからじかにいける水をくむのである(イザヤ一二・三)。また進んでわたしに仕える者は恵みに恵みを加えられるであろう。

七　しかしわたし以外の何物かを誇ろうとしたり、何か特殊な事物に喜びを求めたりする人は、だれでも真の永続的な喜びを得ることができず、心の楽しさの代りに、多くの点で悩みと窮乏とを味わうであろう。

八　であるから一つの善をもあなた自身や他の何物かに帰することなく、ただ神にのみ帰すべきである。神によらなければ、人は何物をも所有することはできないのだから。

九　わたしはいっさいの祝福を与えた。だからいっさいの祝福がわたしに帰せられることを望む。また厳格に感謝をも要求する。

一〇　これこそもろもろの虚栄を追放する真理である。

一一　天来の恵みと真の愛とがあなたの心にはいり込むならば、そこにはもはや羨望《せんぼう》や心の屈託《くったく》や利己心などの入り込む余地はないはずである。

一二　それというのも神の愛が万事を征服して、魂のあらゆる力を増し加えるからだ。

一三　もしあなたが真に賢明であるならば、あなたはただわたしにだけ喜びと望みとを見いだすであろう。神ひとりの外によい者はないのであるから（ルカ一八・一九）。

第五二章　心の願いを吟味し抑制すべきこと

イエス・キリスト

一　わが子よ、あなたはもっと学ぶべきことが多くあり、それらはあなたのまだ知らないことである。特にその中の二つは、

二　あなたのあらゆる願いをわたしの意志に全く一致させること、および自分自身を愛する者になってはならないことである。

三　あなたの願いはしばしば燃え上りあなたを強く押しやるが、果たしてあなたは自分の利害よりもわたしの栄誉を求めて行動しているかどうかを省《かえり》みよ。

四　もしあなたがわたしだけを求めていたら、わたしが物ごとを処理する仕方に十分納得《なっとく》するであろう。

五　けれども何か利己心がひそんでいたならば、それがあなたを妨害し重圧していることは確実である。

六　だから、あなた自身の願いに頼り過ぎて、わたしに相談することを怠らぬように注意せよ。初めはあなたを喜ばせたことが、あとであなたをくやませないために。

七　人はよいと見えるあらゆる願いにすぐ従ったり、これに反するように見える願いから即時に手

を引いたりしてはならない。
八　よい願いや努力においてすら自分を抑制することは時おり有益である。あまりの性急さから精神の混乱を来たしたり、不規律から他人をつまずかせたり、他人の反対に会って突然転倒したりするようなことのないためである。
九　肉は、万事に従順になり用意ができるまで、またわずかな単純なもので満足することを学ぶまで、懲しめられ服従をしいられなければならない。

第五三章　忍耐力を得て肉欲と戦うべきこと

弟　子
一　主よ、忍耐が非常に必要であることをわたしは知っています。この世界でわたしは多大の反抗に出会うからです。
二　どんなに平和を熱望しても、私の生活は戦いと悲しみとを免れないからです。
イエス・キリスト
三　わが子よ、その通りである。
四　しかし、あなたが誘惑や反抗から免れた平安を求めるのは、わたしの意志ではない。むしろあなたが誘惑にためされ多大の反抗に出会いながら、なおかつ平安を見いだすことこそ、わたしの意志である。

五　もしあなたがとうてい耐えられないというならば、どうして煉獄《れんごく》の火を忍ぶことができよう？

六　二つの災《わざわ》いのうち、常により小さい方をえらべ。

七　未来の呵責をのがれるため、現在の災いと悲しみとを辛抱強く耐え忍ぶように努めよ。

八　あなたは世の人がほとんどまたは全く苦しんでいないとでも思っているのか？

九　最も健康で富裕な人々でさえそうでないことを、あなたは見いだすであろう。

一〇　それでもあなたは言うかも知れない。彼らは多大の快楽を持ち、各自の意のままに振舞っているので、その困苦をもさして感じないであろうと。

一一　そうかも知れぬ。そのうえ彼らの願いもことごとくかなえられるとせよ。果たしてそれがどれだけ続くと思うのか？

一二　見よ、この世の富は、やがて煙のように消え去り、その過ぎ去った喜びは、思い出されもしないであろう。

一三　それに彼らは生きているあいだも、辛苦や悲しみや心配なしに、その富を楽しむことはできない。

一四　というのは、彼らが楽しんでいること自身が、あまりにもしばしば彼らの苦痛と悲しみとの種《たね》になるのだから。

一五　彼らは快楽を過度に求めてそれにふけったのであるから、辛苦と恥辱なしに享楽し得ないのは、全く当然のことだ。

一六　ああ、すべてこの世の快楽は、いかにはかなく、偽り多く、放縦《きうじゆう》で、恥ずべきものであることか！

一七　それにもかかわらず、人はそれに酔いしれ目を塞《ふさ》がれて、このことを実感しない。さながら物言わぬ獣類のように、この朽ちゆく人生の小さい快楽を得ようとして、自分の魂の死へと突入して行くのである。

一八　であるから、わが子よ、「あなたの情欲を追うことなく、あなた自身の意志から離れなさい（ベン・シラ一八・三〇）」「主によって喜びをなせ、主はあなたの心の願いをかなえられる（詩篇三七・四）」

一九　もしあなたが真の豊かな慰めをわたしから受けたいと思うならば、あらゆる地上のものをさげすみ、卑賤な快楽を捨てることによって、それを求めるがよい。そうすればあふれる慰めを与えられるであろう。

二〇　また被造物によるすべての慰めから離れ去ろうとすればするほど、あなたはいっそう甘美な豊富な慰めを見いだすであろう。

二一　しかしまず悲しみと激しい戦いとを経《へ》ないで、この慰めに達することはできない。

二二　なぜなら古い習慣があなたを妨害しているからだ。だが、それらは良い習慣によって打ち勝つことができる。

二三　肉は反逆するであろうが、霊の熱意によって抑制することができる。

二四　古い蛇（悪魔）はあなたを誘い惑わすであろうが、祈りによって追い出すことができる。また有益な労働に勤勉にたずさわるならば、彼のあらゆる通路をふさぐことができるであろう。

第五四章　イエスの模範にならい、謙遜なしもべとして服従すべきこと

イエス・キリスト

一　わが子よ、服従から離れ去る者は、神の恵みから離れ去るのだ。

二　また自分一個の利益を求める者は、それによって万人に共通の善を失うのだ。

三　もし人が喜び勇んで目上に従わないならば、それは彼の肉がまだ完全に服従し得ず、今なお背《そむ》き呟《つぶや》くことの多い証拠である。

四　だから、あなたの肉を真に服従させたいと願うならば、自分を低くしてあなたの目上にすぐ従うよう努めるがよい。

五　内なる人がみずから不和になっていないならば、外なる敵に打ち勝つのは容易である。

六　あなたが霊的調和を保っていないならば、あなた自身ほどあなたの魂にとって厄介《やっかい》な有害な敵はない。

七　肉と血とに打ち勝とうとするならば、あなた自身に対して真の軽侮をいだくべきである。

八　あなたは今なお不当に自分を愛しているため、他人の意志に全く従うことをきらうのだ。

九　ところで、塵であって無に等《ひと》しいあなたは、神のため他人に従うことを、そんなに大したことだと思うのか？　無から万有を創造した全能で至上《しじょう》であるわたしは、あなたのためへりくだって人間に服従したではないか。

一〇　わたしが万人のうち最も低い最も小さい者になったのは、あなたがわたしの卑下によってあなたの高慢に打ち勝つことを学ぶためであった。

一一　汝、塵に過ぎぬ者よ、服従することをならえ。汝、土くれである浮浪人よ、へりくだることを学べ。そして自分を万人の足もとに屈せよ。

一二　あなたの意志を砕き、あなた自身をすべての権威に服せしめることを学べ。

一三　あなたの怒りをあなた自身に振り向け、誇りの大波にさらわれることなく、万人をしてあなたの上を歩ませ、彼らの足であなたを巷《ちまた》の泥のように踏ませ、あなた自身が謙遜従順であることを示せ。

一四　むなしい人よ、あなたはどんな不平の種を持っているのだ？

一五　汚れた罪人よ、しばしば神のみ旨を痛め当然地獄に落されるべきあなたは、あなたを訴える者になんと抗弁し得るのだ？

一六　とはいえ、あなたの魂はわたしの前に尊かったので、わたしの目はあなたを見のがしたのだ。それはあなたがわたしの愛を認め、わたしの恵みを常に感謝し、自分の軽侮されるのを辛抱強く耐え忍び、またあなたが絶えず従順と謙遜とを保つようになるためである。

第五五章　何事かを願い求める時、いかに行ないまた祈るべきか

イエス・キリスト

一　わが子よ、すべての場合にあなたは言うべきである、「主よ、み旨にかなうならば、このことを成らせてください」

二　「主よ、あなたの誉れとなるならば、それをみ名によって成らせてください」

三　「主よ、わたしのために有用であり有益であるとお思いになるならば、それをわたしに与えてあなたの誉れのために用いさせてください」

四　「しかし、それがわたしに有害であり、わたしの魂の救いに不都合であるならば、そのような願いをわたしから取り去ってください」

五　すべての願いは、人にはよくかつ正しく見える時ですら、聖霊から出ているとは限らないからだ。

六　個々の願いをあなたの中に起こすものが果たして善霊であるか悪霊であるか、それともあなた自身の霊によって動かされているのであるかを、正しく見分けるのはむずかしいことだ。

七　最初は善霊に導かれているように見えたが、ついには欺かれた人がたくさんある。

八　だから何か願わしいことが現われた時には、いつでも神を恐れつつ真にへりくだった心をもっ

てよく考え、万事をわたしにまかせて言うべきである。
九　「主よ、あなたは何が最善であるかをご承知です。どうかこのことでもあのことでもみ旨のままに成らせてください」
一〇　「あなたのみ旨にかなうものを、かなうだけ、かなう時に、お与えください」
一一　「み旨のままにわたしをあしらい、あなたを最も喜ばせ、あなたのより大きな栄光を現わさせてください」
一二　「あなたのよしとされる所にわたしを置き、何事にもみ旨のまま自由にわたしを取り扱ってください」
一三　「わたしはみ手の中にあります、あなたのよしとされる方向に向かわせてください」
一四　「どうかわたし自身でなく、あなたを正しく完全にほめたたえることができますように！」

第五六章　真の慰めは神にのみ求めるべきこと

弟子の独語

一　自分の慰めについて何を求め何を考えるにしても、わたしはそれを現世でなく来世に期待する。
二　なぜなら、わたしがこの世の慰めをすべて得たとしても、富の与え得る快楽をことごとくうけたとしても、それらがさして永続しないことは確かであるから。

三　だから、おおわが魂よ、おまえは、貧しい者の慰め主でありへりくだる者の保護者である神以外のものから、完全な慰めと休息とを得ることはできないのだ。

四　しばらく待て、おおわが魂よ、神のおん約束を待て。そうすればおまえはあふれるほどの良いものを天上において受けるであろう。

五　しかし、おまえがあくまでも現世のものを欲するならば、おまえは限りない天上のものを失うであろう。

六　おまえはこの世のものを利用しつつ、永遠のものを切望しなければならぬ。

七　おまえはこの世の富によって完全に飽き足ることはできない。そのためにおまえは造られていないからだ。

八　またあらゆる被造物を所有したとしても、それによっておまえは幸福にはなれない。おまえの幸福は神にあるからだ。

九　この幸福は、この世を愛する愚かな人々が持っているたぐいのものでなく、善かつ忠なるキリストのしもべたちが期待しているような祝福であって、「その国籍を天に持つ（ピリピ三・二〇）」心の清い人々が時おり味わう前味である。

一〇　すべての人間的な慰めはむなしくかつ束《つか》の間《ま》である。

一一　けれども恵まれた真の慰めは、永遠の真理から来る内的なものだ。

一二　内的な人はその慰め主であるイエスを至る所にお連れして、彼に語る。

一三　「おお、わたしの主イエスよ、いつでも、どこでもわたしと共にいてください」

一四「どうかあらゆる人間的な慰めを捨て去ることが、わたしの慰めになりますように！」

第五七章　不正をも忍んで受けるべきこと、および真に耐え忍ぶ人について

イエス・キリスト

一　わが子よ、あなたは何をぐずぐず言っているのだ？

二　わたしとわたしの聖徒たちの苦難とを見て、つぶやくのをやめよ。

三　「あなたがたはまだ血を流すほどの抵抗をしたことがない（ヘブル一二・四）」

四　ひどい苦難と強い誘惑と重い圧迫といろいろの試練とを受けたわたしの聖徒たちの苦しみを思えば、あなたの苦しみなどは取るに足らない。

五　だから他人の痛ましい苦難を思い起こすがよい。それはあなたが自分の軽い苦難にたやすく堪え得るためだ。

六　あなたの苦難が小さいにせよ大きいにせよ、それを辛抱強く堪え忍ぶように努めるがよい。

七　苦難に対するあなたの心備えがよければ、それだけあなたはより賢く行動し、より多くの功徳を積むことができる。そうすれば、あなたはいっそうたやすくそれに耐えるに至るであろう。苦難を

受けるために自分を訓練するのは、実習によるからである。

八　自分はこんな人からそれを受けるのは我慢ができないとか、このようなことを忍ばねばならぬわけはないとか、彼は大きな損害を自分に与えた、思いがけない非難を加えた、もし他の人から受けたのなら甘んじて忍びもしようとか、いうようなことを言ってはならない。

九　そのような考えは愚かである。それというのは、あなたは忍耐の徳と力、およびそれにお報いくださるかたをいずれも無視して、ただあなたを害した人のこと、あなたが受けた不正のことだけを考えているからだ。

一〇　自分によく見えることだけを、自分の好む人から受けて、それに甘んじて耐える人は、真に耐え忍ぶ人とはいえない。

一一　真に耐え忍ぶ人とは、自分を試みる者が目上であると、同輩であると、下級者であるとにかかわらず、また善人であると、邪悪な取るに足らぬ人であるとを問わず、自分にのぞむいっさいの災いを神のみ手からくだるものとして感謝して受ける人である。

一二　彼はそれがどんな被造物から来るかを考えず、苦難そのものを最も有益なものとして尊重《そんちょう》する。どんなに小さい苦難でも神のために忍ぶならば、神のみ前において大きな功徳を伴なわぬものは一つもないのだから。

一三　だから勝利を得ようと思うならば、戦いのために備えるがよい。

一四　戦うことなしに、あなたは忍耐の栄冠をかちえることはできない。

一五　苦しむことを拒《こば》むならば、あなたは栄冠を受けることをもまた拒むのである。

第五八章　高遠な問題と神の隠れた審判とを論議することについて

イエス・キリスト

一　わが子よ、高遠な問題や神の隠れた審判について論議することをつつしめ。なぜこの人はなおざりにされ、あの人は多大の恵みを授けられるのであるか、なぜ或る人は悩まされ、他の人は高らかにあがめられるのであるか、等がそれである。

二　そのようなことは人間の知性をこえており、どんな推理や論議の方法も神の審判を究《きわ》めることはできない。

三　だから敵がそんな考えをあなたの心に起こすか、だれか好奇心の強い人がそれについて尋ねるかしたら、すぐ預言者の言葉をもって答えるがよい。「ああ主よ、あなたは正しく、あなたの審《さば》きは正しいのです（詩篇一一九・一三七）」

四　あるいはまた次の言葉でもよい。「主の審《さば》きは真実であって、ことごとく正しい（詩篇一九・九）」

五　わたしの審きは尊敬されるべきもので、論議されるべきものではない。それは人間の理性には不可解なものであるから。

六　同様に、聖徒たちの功徳についても、彼らのうちだれが他より清いかとか、だれが天国において偉大であるか（マタイ一八・一）とかいうようなことを、穿鑿したり論議したりしてはならない。

七　これは不和と争いとを生じ、なんの結果も生みださない。或る聖徒を他の聖徒の上に置くような僭越《せんえつ》をあえてする高慢と虚栄とを養うだけである。

八　これはまた聖徒たち自身の好むところでもない。わたしは分裂の神でなく、平和の神である（第一コリント一四・三三）から。

九　神にいっそう喜ばれる人は、聖徒たちのうちどちらが大でありどちらが小であるかを論ずるよりも、自分の罪の大きいことと自分の徳の小さいこととを思い、また聖徒たちの完徳から自分がどんなにかけ離れているかを思う人である。

一〇　聖徒たちの行為を穿鑿して無用な吟味をするよりも、熱い祈りと涙とをもってそのとりなしを請い求める方がはるかにまさっている。

一一　もし人が無用なおしゃべりを慎しむことができたら、それだけでも聖徒たちはいっそう喜ぶであろう。

一二　彼らは自分の功徳を誇らない。なぜなら、なんの善をも彼ら自身に帰せないで、いっさいをわたしに帰するからだ。いっさいはわたしが無限の愛から彼らに与えたものであるから。

第五九章　わたしたちは自分を捨ててキリストに従うべきこと

イエス・キリスト

一　わが子よ、あなたはあなた自身からのがれ得るだけ、いっそう深くわたしにはいり得るであろう。

二　また外的事物の放棄から内的平和が生じるように、自我の放棄は人を神に結ぶのである。

三　わが子よ、わたしの願いは、あなたが反抗もせず不平も言わず、自我を全く放棄することを学ぶことだ。

四　わたしに従え、わたしは道であり、真理であり、生命である(ヨハネ一四・六)。

五　わたしはあなたの歩むべき道であり、あなたの信ずべき真理であり、あなたの望むべき生命である。

六　わたしは汚れのない道、あやまることのない真理、限りのない生命である。

七　わたしの道を行きつづけるならば、あなたは真理を知るであろう。

八　永遠の生命にはいりたいならば、わたしの戒めを守れ(マタイ一九・一七)。

九　真理が知りたいならば、わたしを信ぜよ。
一〇　わたしの弟子になりたいならば、あなた自身を捨てよ（マルコ八・三四）。
一一　来世が得たいならば、現世《げんせ》をさげすめ。
一二　わたしと共に統御したいならば、わたしと共に十字架をになえ。

第六〇章　逆境の中で忍耐強く謙遜であるべきこと

イエス・キリスト

一　わが子よ、逆境の中で忍耐強く謙遜であるのは、順境の時に随喜し熱心であるよりも、わたしにはうれしいことだ。
二　なぜあなたはわずかの非難をあびせかけられたからといって、そんなに悲しんでいるのだ?
三　そんなことは聞き流すがよい。それは初めてのことでも、めずらしいことでもなく、あなたがもっと生きるならば、最後のものでもないであろう。
四　あなたは反抗に出会わない時には、はなはだ勇敢である。
五　また他人によい忠言を与えたり、彼らを言葉で慰めたりすることもできる。
六　しかるに患難が突然あなたの門前に現われると、あなたは知恵も力も失ってしまう。その時あなたは他人を励ますために用いた範例《はんれい》も霊的忠言も忘れてしまうのだ。

七　あなたがわずかな困難に出会ってしばしば経験する大きな弱さを省みるがよい。
八　とはいえ、これらのことはあなたの幸福のために起こるのだ。
九　これらのことやこれに類することが起こったならば、なるべくそれをあなたの心にとめないようにせよ。またそれがどんなに煩わしくても、それによって落胆してはならない。
一〇　もしあなたがそれに喜んで耐え得ぬとしたら、せめて辛抱強く堪えるがよい。
一一　同様に、もしあなたの聞きたくない、むしろ怒りを覚えるようなことがあっても、自分を抑制して、小さい者をつまずかすような失言をあなたの口からもらしてはならぬ。
一二　あなたの内心に起こったあらしはやがてしずまり、内的な悲しみは恵みが帰って来れば和らげられるであろう。
一三　わたしは生きている(イザヤ四九・一八)、あなたがわたしにより頼み、わたしに熱心に呼び求めるならば、これまで以上にあなたを助けようとして身構えているのだ、と主は言われる。
一四　心を静めて、さらに大きなことを耐え忍ぶ備えをせよ。
一五　押えつけられ激しく試みられていると感じても、絶望してはならぬ。
一六　あなたは人間であって神ではない。肉であって天使ではない。
一七　天上のみ使も楽園の始祖も失敗したのに、どうしてあなたは同じ徳の状態にとどまっていることができよう?
一八　わたしは悩んでいる者をいやし、自分の弱さを認める者をわたしの神性の高みにまで引き上げる者だ。

弟　子

一九　主よ、あなたのみ言葉に祝福あれ！　それはわたしの口に蜜よりも甘美です（詩篇一一九・一〇三）。

二〇　もしあなたが聖なるみ言葉をもってわたしを力づけてくださらなかったならば、もろもろの患難と心配との中でわたしはどんなになっていたことでしょう？

二一　ついに救いの港に着きさえしたら、わたしがどんな苦難によってどんなに苦しんだとしても、それがなんでしょう？

二二　わたしによい最期《さいご》をお与えください、この世から幸福に船出することを許してください。

二三　おおわが神よ、わたしをかえりみて、あなたの王国へまっすぐに導いてください。アーメン。

第三巻

聖餐にあずかる者への敬虔な勧め

序言　主の聖卓への招き

イエス・キリスト

一　すべて苦労している者、重荷を負う者は、わたしのもとにきなさい、わたしはあなたがたをさわやかにしてあげよう（マタイ一一・二八）と主は言われる。

二　わたしがあなたがたに与えるパンは、わたしの肉であって、世のいのちのために与えるものである（ヨハネ六・五一）。

三　取って食せよ、これはあなたがたのためにわたされるわたしのからだである。わたしの記念としてこのように行ないなさい（第一コリント一一・二四）。

四　わたしの肉を食べ、わたしの血を飲む者は、わたしにおり、わたしも彼におる（ヨハネ六・五六）。

五　わたしの食卓に来るがよい、あなたがたは呼ばれ招かれている。

六　今わたしのもとに来るがよい、そしてわたしを軽んじるな。今後わたしから軽んじられないため、終りの日に、わたしから離れて行けという言葉を聞かないために（マタイ二五・四一）。

七　わたしのもとに来るがよい、わたしは心からあなたがたを愛し、あなたがたへの愛のゆえに代価を払ったのだ。わたしの旅舎《はたごや》に来るのは楽しいことだ。すべては支払いずみである。わたしの費用で楽しみ喜ぶがよい。

八　自由にはいるがよい。あなただけでなく、あなたがたみんなの者も。わたしのもとに来るがよ
い、聖職も信徒も、善人も悪人も、貧しい者も富む者も。
九　だれでもよい、わたしのもとに来なさい。あなたがた、すべてざんげのわざにいそしむ者、誘
惑にひどく悩む者よ、来るがよい。そうすれば、わたしはあなたがたをさわやかにし、あなたがたの
誘惑の重荷を取り去ってあげよう。
一〇　わたしは自分のからだをもってあなたがたを養い、自分の血をもってあなたがたをさわやか
にしてあげよう。あなたがたにもろもろの災いと悲しみとを忘れさせるため、あなたがたを励まし慰
めてあげよう。
一一　わたしのもとに来るがよい、とりわけ罪深い生活をして重い罪過のためにあえいでいるあな
たがたすべての者よ。
一二　心を一転し、心をつくしてわたしのもとに来るがよい（ヨエル二・一二）。
一三　わたしの父がわたしをつかわされたのは、世を審くためでなく世を救うためであるから（ヨハネ一
二・四七）。
一四　だから、わたしを恐れないで、一人ももれずにわたしのもとに来るがよい。
一五　わたしは喜んであなたがたの罪をゆるし、あなたがたの受けるべき刑罰を免除するであろ
う。わたしの父はわたしにすべての審きをお委ねになったのであるから（ヨハネ五・二二）。
一六　だから、わたしに来るがよい、わたしはあなたがたをわたし自身によってさわやかにしてあ
げよう。わたしは自分の肉を食物とし、わたしの血を飲物としてあなたがたに与える。食べかつ飲み
飽くがよい、わが愛する子らよ。

一七　あなたがたの耳を傾けてわたしに聞き、わたしを受けるがよい（詩篇四五・一〇）。
一八　あなたがたの民とあなたがたの父の家とを忘れよ（詩篇四五・一〇）。
一九　世と世にあるすべてのものとを忘れよ。
二〇　さきの罪深い生活を捨てて、わたしにすがれ。
二一　あなたがたの信仰と希望と慰めと生命とをわたしにかけるがよい。
二二　そうすれば、あなたがたの主、神、夫であるわたしは、あなたがたを美しくしようとして、
あなたがたをわたしに結びつけるであろう（詩篇四五・一一）。
二三　きょうあなたがたの主の声を聞き、あすまで待ってはならぬ、あなたがたの心をかたくなに
してはならぬ（詩篇九五・八）。
二四　あなたがたの救い主の声を聞け、彼はあなたがたが彼を楽しみとするように彼自身のために
あなたがたを造り、あなたがたを彼の所有にしようとして高い価いをもってあがなったのだ（第一コリント六・
二〇）。
二五　来なさい！　わたしはあなたがたの魂の糧として、また永遠の報いとして、わたし自身をあ
なたがたに与えよう。

第一章　大いなるうやうやしさをもって聖餐を拝受すべきこと

弟　子

一　おお、永遠の真理であるイエスよ、今述べられたみ言葉は、同時に語られたものでも一ヵ所にしるされたものでもありませんが、あなたのみ言葉です。

二　それらはあなたの真実のみ言葉ですから、感謝と信仰とをもって必ず受けいれるべきものです。

三　それらはあなたのみ言葉であり、あなたがそれらをお語りになりました。しかもわたしのため、わたしの救いのために、あなたはそれらをお語りになったのです。

四　わたしは喜んでそれらをあなたの口からお受けし、わたしの心に深く刻みつけます。

五　かくもやさしいいつくしみと愛とにみちたみ言葉は、わたしを力づけますが、わたし自身の罪は恐れをわたしに満たし、わたしの汚れた良心はかくも重大な聖礼典にあずかることをためらわせます。

六　み言葉の甘さはわたしをひきつけますが、わたしの罪のみにくさはわたしの上にのしかかります。

七　あなたとかかわりを持とうとするならば、確信をもってあなたのもとに行くように、また永遠の生命と栄光とを得ようとするならば、不死の糧を受けるようにと、あなたはお命じになります。

八　あなたは言われます。すべて苦労している者、重荷を負う者は、わたしのもとに来なさい、わたしはあなたがたをさわやかにしてあげようと（マタイ一一・二八）。

九　おお、わが主、わが神よ、あなたが乏しい人間であるわたしをみからだにあずからせようとされる招きのみ言葉は、罪人の耳にいかにうるわしく、やさしく、ひびくことでしょう！

一〇　しかしながら、おお、わが主よ、わたしは何者なので、あえてあなたに近づこうとするのでしょうか？

一一　ごらんください、もろもろの天もあなたを入れるには足りません。だのになおあなたは、すべての者よ、わたしのもとに来なさいと、言われるのですか（列王上八・二七）？

一二　この大きな恩顧は何を意味し、かくもしたしいお招きは何を意味するのでしょうか？

一三　わたしは自分のうちにより頼むべきなんの善をも見いだし得ないのですから、どうしてあえて近づくことができましょう。

一四　親愛なあなたのみまえにしばしば罪を犯したわたしは、どうしてあなたをわたしの家にあえてお迎えすることができましょう？

一五　天使らと天使長らはあなたのみまえに恐れて立ち、聖徒たちと義人たちはあなたをへりくだってあがめているのに、あなたは、すべての者よ、わたしのもとに来なさい、と言われるのです。

一六　おお主よ、もしあなたご自身がそのように言われなかったならば、だれがそれを本当だと思うでしょう？　またあなたご自身がお命じにならなかったならば、だれが大胆にみからだを拝受するでしょう？

一七　ごらんください、義人であり善人であったあのノアは、自分と他のわずかな者とを救おうとして箱舟を造るために百年のあいだ働きました。そうだとしたら、わたしはわずか一時間の準備をして世界の造り主を正しくお迎えすることができましょうか？

一八　あなたの特に偉大な友であったモーセは、神の戒めの板を納《おさ》めるため、朽ちぬ木で箱を作り、純金をもってそれをおおいました。しかるに朽つべき被造物であるわたしは、律法の制定者であり生命の授与者であるかたを、どうしてかくも不用意に拝受することができましょう？

一九　イスラエルの王者のうち最も賢明であったソロモンは、あなたの誉れと栄えとのために宏壮雄大な神殿を建てようとして七年のあいだいそしみました。

二〇　八日のあいだ彼は献堂の祭をいとなみ、千頭の平和の犠牲をささげ、契約の箱をその安居《あんきょ》の場所へおごそかに移すために、ラッパの音と大きな歓呼とをもってしまいました。

二一　しかるに万人のうちいともみじめな卑しいわたしが、信仰の修養のためわずか半時間足らずしか過ごし得ないわたしの家へ、全能の主よ、あなたをお迎えすることがどうしてできましょう？

二二　おお、わが神よ、これらの人々はあなたをお喜ばせするために、どんなに多くのことをしたことでしょう！

二三　しかるに、ああ、わたしのする善事はいかに小さく、あなたの尊い聖礼典にあずかるためわたしが準備に費す時間はいかに短いことでしょう！

二四　わたしは完全な内省をしたことははなはだまれであり、もろもろの煩らいから解き放たれたことはなおさらまれです。

二五　わたしは確認いたします、あなたの聖なるみ前ではどんな清くない思いもわたしの心にはいってはならず、どんな被造物もわたしの心を占めるべきではありません。なぜならわたしが客人として迎えるのは、天使ではなく天使の主であらせられるからです。

二六　そのうえ聖なる遺物を納めた契約の箱と妙なる効力を有するみからだとのあいだ、また来たるべき犠牲の模型に過ぎなかった律法的犠牲といにしえのもろもろの犠牲の完成であるみからだの真の犠牲とのあいだには、無限のへだたりがあります。

二七　ああ、なぜわたしはもっと熱心にならないのでしょうか？

二八　いにしえの族長と預言者、王と諸侯らは、一般の民衆と共に、あのように大きなうやうやしさと熱誠とをあなたの神性に対して示しましたのに、なぜわたしは聖餐を拝受する準備として修徳に努《つと》めないのでしょうか？

二九　ダビデ王は神の箱の前で殊勝にも全力を尽して踊り、そのようにしてイスラエルの民に全心をささげて神を讃美し日夜神に奉仕すべきことを教えました（サムエル下六・五）。

三〇　もし彼らが契約の箱の前でそのような篤信と讃美との行為をしたとするならば、わたしとすべてのキリスト者とは、キリストのみからだの天来の聖礼典に列して、さらにまされるうやうやしさと熱誠とをいたすべきではないでしょうか。

三一　世には聖徒たちの遺物を尋ねて各地を巡礼し、彼らの遺骨を金銀の壺に納める人があります。

三二　しかるに、ごらんください、この祭壇には神なる人、至聖なる主、人と天使との創造者がしたしくおのぞみになります。わたしたちが彼を正しく拝受するごとに永遠の救いの果実にあずかり得るのは、ここにおいてなのです。

三三　この尊い聖礼典にわたしたちをひきつけるのは、軽はずみや好奇心や感傷ではなく、生ける信仰と確かな希望と真実な愛とでなければなりません。

三四　おお、見えない愛であって世界の創造者であるわが神よ、あなたはどんなにくすしくわたしたちをあしらわれることでしょう！　その聖餐においてご自身を与えようとされる者らに対して、あなたは、どんなにやさしく恵み深くあられることでしょう！

三五　まことにそれはあらゆる人間の理解をこえ、とりわけ篤信な人々の心をひきつけ、彼らをあなたの愛によって燃え立たせます。

三六　なぜなら自分の生活の改善にたえず努めているあなたに忠実な人々は、聖餐によって大きな霊感と力とを受けるからです。

三七　ああ、この聖礼典に秘められたくすしい恵みよ！　それはイエスの真のしもべらにのみ知られ、不信者と罪の奴隷である人々には知られず、悟られないものです。

三八　この聖礼典によって霊的な恵みは魂に授けられ、その失われた力は一新され、その罪のためにゆがめられた美しさは回復されます。

三九　この聖礼典に含まれた神の恵みは実に広大であり、その霊感の豊かさによって時には魂だけでなく弱い肉体すら大きな力を経験するほどです。

四〇　ああ、わたしたちのいっさいの功徳と救いの望みとの源であるキリストを拝受するのに、わたしたちがかくも冷淡無頓着であり、大きな熱意に動かされないということは、なんという遺憾千万なことでしょう。

四一　彼こそ、この世の生におけるわたしたちの聖浄であり至上の慰めであり、永遠の生における恵まれた者の祝福であるからです。

四二　ああ、天上の喜びであり全世界の保全者であるキリストのみからだに対して、多くの人がさして敬意を払わないのはなんと嘆かわしいことでしょう！

四三　この莫大な賜物を十分理解せず、毎日それを受けることによってかえって敬意を減じてゆく人間の盲目とその心の頑固とは、なんと大それたものでしょう！

四四　もしこの聖礼典が世界中ただ一ヵ所において、ただ一人の司祭によってとりおこなわれたとしたら、人々がいかに大きな熱意をもってその地とその神の司祭とのもとに殺到し、彼がミサ聖祭をささげるのを見ようとするかは、だれしも想像し得ることでしょう！

四五　しかるに今では多くの司祭が多くの場所でキリストをささげていますので、このおごそかな聖礼典が全世界に行き渡るにつれて、神の恵みと愛ともまたいっそう明らかに人間に示されてゆくことでしょう。

四六　あわれみ深いイエスよ、貧しいみじめなわたしたちをみからだとおん血とをもって養いたもうことを感謝します。あなたがたすべてひどく苦労している者、重荷を負う者は、わたしのもとに来なさい、わたしはあなたがたを養いかつさわやかにしてあげようとの、み口から出るみ言葉をもって、わたしたちをお招きくださることを感謝します。

第二章　どんなに大きな恵みと愛とを神は人にお与えになったか

弟　子

一　おお主よ、み恵みをもってわたしを助けてください。わたしは貧しい、弱い、邪悪な、罪深い者です。

二　ですから、わたしは、聖卓に近づき、あなたのみからだとおん血とを罪深い自分の魂に拝受する資格のないことを知っています。

イエス・キリスト

三　わが子よ、あなたの言うことは真実であるが、あなたが多くの点ではなはだ無価値な者であるという事実を知るに至ったのは、わたしの恵みによるのだ。

四　またもしあなたが価値ある者になろうとするならば、それもわたしの恵みによって得なければならない。

五　とにかく全き信頼をもってわたしのもとに来なさい、あなたがた、すべての貧しい者よ、そして恐れるな。

六　わたしは富みかつ全能である。すべて天にあるもの地にあるものはわたしのものである。天と地とはわたしによって満たされている。なぜなら栄光と富とはわたしの家にあり、しかもわたしの住まいは多いからだ。

七　わたしを客としてあなたの家に迎えるならば、あなたになんの欠けるところがあり得よう？

八　わたしの被造物は何一つあなたを完全に満たすことはできない。あなたはそれらの朽ちゆくものに煩らわされても、満たされ飽き足ることは決してないであろう。

九　だのに、あなたはなぜわたし以外のものを求めるのだ？　わたしより良いものにめぐり会えるとでも思っているのか？

一〇　わたし自身を喜んで与えるわたしにまさって、あなたを富ませ得る者があるというのか？

一一　富める豊かな神であるわたしに満足し得ぬ者は、実はあまりに貪欲な手合いなのだ。

一二　そのうえあなたが飢え渇くならば、ああ、尊い魂よ、わたしはあなたの糧《かて》およびあなたを力づけるものとしてわたし自身を与えるために天からくだってきたパンなのだ。自由にわたしのもとに来るがよい、わたしはあなたをさわやかにしてあげよう。

一三　わたしは、ユダヤ人の先祖たちが荒野で食べて死んだ天来の糧のたぐいでなく、わたし自身のからだであるパンをもって、あなたをさわやかにしてあげよう（ヨハネ六・五八）。

一四　わたしのパン、すなわちわたしのからだを食べる者は、だれでも永遠に生きるであろう。

一五　あなたの救いのためにわたしの聖なる脇から流れ出た血の杯にまさって、あなたの渇《かわ》きをいやすものはあり得ない（マタイ二六・二八）。

一六　わたしの脇から流れ出た聖なる血と水とは不思議な力をもち、それを飲む者は永遠に渇かないであろう（ヨハネ一九・三四）。

一七　なぜなら、それは彼の内で泉となり、永遠の生命となってわき出るからだ。つまり地上のものに対するあなたの渇きをとどめ、永遠の生命に対する要求をあなたの内に呼び起すであろう（ヨハネ四・一四）。

一八　だから自由にわたしのもとに来るがよい。来てわたしのパンを食べ、あなたのためわたしが混ぜ合せ注ぎ出したぶどう酒をも飲むがよい（箴言九・五）。

一九　もしあなたが自分の罪と汚れとのために近づくことを恐れるならば、勇気を出してわたしのもとに来なさい。

二〇　わたしはこの世にくだったあわれみに富む神となって、さまよう罪深い人々を捜し求め、彼らを招き、彼らを自分の肩にかけてわたしの父の家に連れかえり、また彼らのために代価を払い、彼らをわたしの血にひたし、洗《あら》いきよめ、罪の一点をもとどめぬようにしようとしたのだ（ルカ一五・五、第一コリント六・二〇）。

二一　わたしひとりのほかに、罪をゆるし得る力をもつ者があるというのか？　無いなら、ゆるがぬ確信をもってわたしのもとに来、あなたの罪のゆるしを請い、わたしの傷から出る血潮によってあなた自身をきよめて白くしなさい（ルカ五・二〇）。

二二　あなたが真実に語っているように、あなたは弱い病める者であるから、大急ぎでわたしのもとに来るがよい。

二三　あなたはわたし以外のどこへ行っても、よりよい薬を見いだすことはできず、よりよいいやしを受けることはできない。

二四　天からくだってきたパン以上に、あなたを強めるものは何もないであろう。
二五　もしあなたが裸で、もろもろの徳に欠けているからといって、わたしの前に出ることを恥じるようなら、そんなことでわたしのもとに来るのをためらってはならない。
二六　へりくだった心をもってわたしのもとに来るがよい。あらゆる徳の本源であるわたしは、あなたの裸をあわれみ、永遠の救いの衣をあなたに着せ、わたしの血潮をもってあなたを飾るであろう。
二七　もしあなたが盲目であって罪の暗やみの中で手探りしているとしたら、わたしのもとに来るがよい。わたしは永遠の光の輝き、すべての人を照らすまことの光である。
二八　あなたの心の部屋と良心の寝床とを飾れ。わたしは喜んであなたの内に宿り、あなたと共にとどまるであろう。細心の注意をもって自分を備えるがよい。

第三章　神の大きな愛と恵みとはくすしい聖礼典の中で示されること

弟子

一　おお主よ、あなたの恵みと大きなあわれみとに信頼しつつ、弱い病者としてわたしの救い主に、飢え渇く者として生命の泉に、貧しい者として天国の王に、しもべとして主人に、被造物として万物の造り主に、慰めのない者としてわが愛する慰め主にお近づきいたします。

二　しかしながら、あなたがわたしの所へおいでになるこの大きな恵みは、いったいどこから出るのでしょうか？

三　わたしが何者なので、あなたはご自身をわたしにお与えになるのですか？

四　どうして罪びとであるわたしがあなたのみ前に進みいで、またあなたが罪びとであるわたしの所におくだりになるのですか？

五　あなたはあなたのしもべを知り、またわたしがあなたから与えられたもののほか何の善をも持たないことをご承知です。ですから、わたしは自分の無価値をあえて告白いたします。

六　わたしはあなたの恵みを認め、あなたのあわれみを讃美し、あなたの大きな愛に対して感謝いたします。

七　なぜなら、あなたはわたしの功徳によらず、ご自身の発意によってこれを行い、しかもあなたの恵みがいっそう深くわたしに刻みつけられ、あなたの謙遜が十分理解されるためにこれを行なわれるからです。

八　またこれがあなたのみ旨でありしかもあなたがこうせよとお命じになった以上、わたしはあなたの恩顧を大きな喜びをもって拝受いたします。ああ、どうかわたしの無価値がその妨げになりませんように！

九　おお、うるわしくやさしいイエスよ、みからだの拝受に際して、どんなに大きなうやうやしさと感謝とを永遠の讃美と共にあなたにおささげしたらよいのでしょうか！　だれひとりあなたの偉大な尊厳を適切に表現することはできないからです。
一〇　しかし、わたしの主にお近づきするこの拝受の時の感情は、どうあるべきでしょうか？　わたしは正しくふさわしく主をあがめることはできませんが、せめてうやうやしく拝受したいと思います。
一一　あなたのみ前に全くへりくだり、限りないみ恵みをほめたたえるほか、さらにまさった有益な方法が考え得られるでしょうか？
一二　おお、わが神よ、わたしはあなたをたたえ、永久にあなたをあがめます。
一三　自分で自分の身をさげすみ、自分のむなしさのどん底からあなたに服従いたします。
一四　ごらんください、あなたは至聖なる主、わたしは汚れた罪びと！　しかるにあなたは、あなたに目をあげるにも足りないわたしの所までへりくだりたもうのです！
一五　ごらんください、あなたはわたしの所にのぞみ、あえてわたしと共になり、あなたの宴会にわたしをお招きくださるのです。
一六　あなたはあの天来のパン、天使たちの糧、しかり、ほかならぬあなたご自身をもって、わたしを養おうとしておられるのです。あなたこそ世に生命を与えるため天からくだってきたあの生きたパンです（詩篇七八・二五、ヨハネ六・三三、五〇）。
一七　ごらんください、この愛はだれから流れでて、かくも大きな尊厳をわたしたちに与えるのでしょうか！　これらの賜物と祝福とに対して、どんなに大きな感謝をあなたにささげたらよいのでしょうか！
一八　ああ、この聖礼典を定められた時のあなたの聖慮は、わたしたちにとってどんなに益多く幸《さち》多いものであったことでしょう！　あなたがご自身を糧としてお与えになる宴会は、どんなにうるわしく楽しいものでしょう！

一九　おお主よ、あなたのみわざのくすしさよ、あなたの真理の確かさよ！

二〇　あなたがお語りになって、よろずのものは造られ、あなたがお命じになって、すべては成ったのです（詩篇一四八・五）。

二一　ああ、人間の理解をこえ、信仰にのみあらわされる妙なる秘義よ、わが主わが神であって、真の神まことの人であられるあなたが、わずかなパンとぶどう酒との外形の中に完全に現臨し、あなたの恵み深いみからだを尽きることのない食物としてお与えになるとは！

二二　おお、何びとの助けをも要しないのに、その聖礼典を通してわたしたちのあいだに住まおうとされる万物の主よ、わたしの心とからだとを汚れなく保ち、自分の永遠の救いのために潔白清純な良心をもって、あなたをしばしば拝受することを得させてください。

二三　ああ、わが魂よ、喜べ。そしてかくも尊い賜物とたぐいのない慰めとをこの涙の谷にのこされた神に感謝せよ。

二四　なぜなら、おまえがキリストのご苦難と彼が人類の救いのために苦しまれた愛とをおぼえて、キリストのみからだを拝受するごとに、おまえは自分のあがないのわざを新たにし、キリストの全功績にあずかる者とされるからだ。

二五　キリストの愛は、決して減らず、彼のあわれみの宝庫は、決して尽きることがない。

二六　だから、キリストのみからだを拝受するため、また永遠の救いの大きな秘義を細心の注意をもって考慮するため、しばしば霊を新たにして自分を備えねばならぬ。

二七　キリストのみからだを拝受したり、ミサの手伝いをしたりする時は、いつもその日を、キリストが全能の父のもとからくだって、清浄な処女マリアの胎内で人となられた日のように、また彼が十字架にかけられ人類の救いのために苦難を受けて死なれた日のように、偉大な、新鮮な、慰めにみちた日とみなすべきである。

第四章　たびたび聖餐を拝受するのは有益であること

弟子

一　おお主よ、わたしはあなたの賜物によって仕合せになり、あなたがいつくしみをもって貧しい悩んでいる人類のためにお備えになった会食に列して幸福になろうとして、みもとにまいりました。

二　まことにあなたの中にこそ、わたしの願っているいっさいのものはあります。あなたはわたしの救い、あがない、希望、力、誉れ、また栄光であられます。

三　ですから、あなたのしもべの魂に喜びをお与えください。うるわしい主よ、あなたをわたしの魂は仰ぎ望みます（詩篇八六・四）。

四　わたしは今熱誠と敬虔とをもってあなたを拝受したいと願っています。喜んであなたをわたしの家にお迎えし、ザアカイのようにあなたの祝福を受け、アブラハムの子らの中に数えられるにふさわしい者になりたいのです（ルカ一九・九）。

五　わたしの魂はみからだを熱望し、わたしの心はあなたとの結合を切願しています。

六　わたしにご自身をお与えください。それで十分です。

七　あなたのほかにわたしを慰めるものは何一つないからです。

八　わたしはあなたを離れて存在することはできません。あなたのご来臨がなければ、生きることはできません。

九　ですから、わたしはたびたびみ前に出て、自分の魂の救いのために、聖餐によってあなたを拝受することが必要なのです。この天来の糧を取り去られたら、わたしは途中で弱り切ってしまうかも知れません。

一〇　なぜなら、おお、あわれみ深いイエスよ、あなたはかつて人々にみ教えを宣《の》べ、もろもろの病人をいやされた時、言われたではありませんか。わたしは彼らを飢えたまま家へ帰らせたくはない、恐らく途中で弱り切ってしまうであろう（マタイ一五・三二）と。

一一　今わたしをも同様にあしらってください、忠実な者を慰めるためこの聖礼典の中に御自身を残してくださった主よ。

一二　あなたは魂の甘美な食物であられますから、あなたを正しく食べる者は永遠の栄光の参与者および後継者となるのです。

一三　まことにわたしのようにたびたび罪に陥り冷淡になりやすく善行を怠りがちな者は、頻繁に祈り熱心にみからだを拝受して自分を洗い、きよめ、力づけることが必要です。聖餐からあまり長く遠ざかれば、恐らくよい決意を失ってしまうでしょう。

一四　人の思いは幼い時から悪に傾きがちです（創世八・二一）ので、この神の薬が助けに来てくれなければ、人はたちまちもっと大きな罪に陥るでしょう。

一五　ですから聖餐は人を悪から守ると共に、善に向かって励ますのです。

一六　もしわたしが規則的にキリストのみからだを拝受していながら、今でも怠りがちで冷淡であるとするならば、この薬を用い、この大きな助けを求めることをしない場合には、果たしてどのような結果になるでしょうか？

一七　ですから、なんらかの理由でキリストのみからだを毎日拝受することができないならば、わたしは適当な時にこの聖礼典にあずかるため、熱心に最善をつくし、そのようにして大きな恵みの参与者になりたいのです。

一八　それというのも、忠実な魂にとって天上のあなたから離れて生きているあいだの特別な慰めは、たえず神を思いつつ敬虔な回想をもって愛する主をしばしば拝受することであるからです。

一九　ああ、わたしたちに対するあなたのあわれみの驚くべき広大さよ、主なる神、造り主、あらゆる魂への生命の賦与者が、あえて貧しい魂に臨み、その全神性をもって魂を飽かしめられるとは！

二〇　ああ、主なる神をうやうやしく拝受し、拝受することによって霊的な喜びを満たされるにふさわしい者とされた魂は、どんなに幸いなことでしょう！

二一　ああ、魂はいかに恵み深い主を拝受することでしょう！　いかに親愛な客をその家に迎え入れることでしょう！　いかに敬愛すべき配偶者を抱擁することでしょう！　彼こそ魂がよろずの物にこえて愛し、あらゆる慕うべきものにまさって慕っているかたであるからです。

二二　おお、わが愛する神よ、天と地とそのすべての輝きとをあなたのみ前に黙さしめてください。それらのうちにある讃美と誉れとに値いするものは、すべてあなたの豊かな恵みから出ているからです。それらはあなたのみ名のうるわしさには達し得ず、あなたの知恵には限りがないのです（詩篇一四七・五）。

第五章　正しく聖餐を拝受する者は多くの祝福を授けられること

弟子

一　おお、わが神よ、みいつくしみの賜物をもってしもべをかえりみ（詩篇二一・三）、わたしが正しくうやうやしくあなたの聖礼典に近づき得るようにしてください。

二　あなたへの愛をわたしの心に燃え立たせ、重苦しい怠惰からわたしを救い出してください。

三　あなたのいつくしみは、その水源に隠されているように、この聖礼典にも豊かに隠されていますが、それをわたしの魂が味わい得るように、救いの恵みをもってわたしに臨んでください（詩篇一〇六・四）。

四　わたしの目を開いて、この偉大な秘義を悟らせ、わたしを力づけて不動の信仰をもって信じることを得させてください。

五　これはあなたのみわざであり神《かみ》わざであって、人の力の及ぶところではないからです。

六　これは神の制定されたものであって、人の工夫したものではありません。天使たちの精妙な知性をもこえているので、だれひとり自分の力によって会得《えとく》し了解することはできません。

七　そうだとしたら、わたしのような塵と灰とにすぎない無価値な罪びとが、どうしてその深い秘義を測《はか》り知ることができましょう！

八　おお主よ、わたしは素直な心とゆるがぬ真実な信仰とをもって、ご命令に従い、信頼とうやうやしさとに満たされつつみもとにまいります。そしてあなたが恵み深い聖礼典の中に、神および人として真に現臨しておられることを堅く信じます。

九　わたしがあなたを拝受し、愛によってあなたに結びつくことは、あなたのみこころです。

一〇　ですから、わたしはあなたと全く融合して、あなたの愛にみちあふれるために、また他のどんな愛や慰めをもふたたび味わわないために、特別な恵みを賜わるようおんあわれみを切望いたします。

一一　なぜなら、あなたの最も尊むべき聖礼典は霊と肉との救いであり、この聖礼典の中でわたしたちの罪の治療薬は見いだされ、わたしたちの情欲は制御され、誘惑は打ち勝たれまたは減少され、恵みはさらに豊かに注ぎ込まれ、信仰は確実にされ、希望は強められ、愛はいっそう燃え上るからです。

一二　おお、わが神、わが魂の支持者、人の弱さの修復者、もろもろ内的慰めの与え主よ、あなたはみからだを拝受するあなたの愛される人々に、この聖礼典を通して多大の祝福を今までお与えになりましたが、今もしばしばお与えになります。

一三　あなたの愛される人々が多くの試練と患難とのただ中にある時、彼らに絶大な慰めを注ぎ、失望落胆の思いから彼らを引き上げて、あなたの聖慮を望ませてくださいます。

一四　あなたは多大の新たな恵みをもって彼らの内心を照らしいやされますので、最初は気が沈んで聖餐を拝受する願いを失っていた者も、この天来の食べ物と飲み物とによってさわやかにされ飽かしめられ、前とは打って変った者になることを覚えるのです。

一五　これはあなたがその愛される人々にことさらになさることで、彼らが自身としては誠に弱い者でありながら、あなたからどんなに多くの恵みを受け得るかを、真に知り忍耐強く経験するためです。

一六　なぜなら彼らはもともと冷たく味気なく無頓着ですが、あなたによって熱意と誠実と篤信とをもつ者にされるからです。

一七　恵みといつくしみとの泉にへりくだって近づき、そこからいくらかのいつくしみをくみとらぬ者がありましょうか？

一八　また燃えさかる火のそばに立って、そこでいくらかの熱を受けない者がありましょうか？

一九　あなたはたえず満ちあふれる泉であり、常に燃えやまぬ火であられます（ヨハネ四・一四、ヘブル一二・二九）。

二〇　ですから、その泉のみちみつる中からくみとって、渇きを全くいやされることは許されぬにしても、この天来の管に自分の口をつけ、そのわずかな一滴でも受けて渇きを和《やわ》らげることは、わたしのせめてもの願いです。

二一　またケルビムやセラピムのように、天上の熱火に全く燃やされ得ぬにしても、せめて生命を授ける聖礼典にへりくだってつらなることにより、神の火のわずかな熱でも受けようと心を備え、修徳に努めたいのです。

二二　おお、恵み深いイエス、至聖なる救い主よ、わたしに欠けているものをおんあわれみによって補ってください。あなたはすべての人を招いて、仰《おお》せになったではありませんか。わたしのもとに来るがよい、あなたがた、すべて額に汗しつつ苦しい重い労役に服している者らよと。

二三　わたしは心の痛みにさいなまれ、罪の重荷に押えられ、誘惑にまどわされ、多くの邪悪な肉欲に悩まされ虐《しいた》げられています。

二四　しかも、あなたひとりのほか、わたしを助け、救い、いやす者はないのです。ですから、わが神、わが救い主よ、わたしはあなたに自分と自分のすべての所有とをお委ねし、あなたがわたしを守って永遠の生命にお導きくださるよう祈ります。

二五　どうかわたしの食べ物および飲み物としてみからだとおん血とをお備えくださったあなたのみ名がたたえられあがめられるために、わたしをお受けいれください。

二六　わが主、わが神、わが救主よ、純真な心をもってしばしば受けるべきみからだを拝受することによって、わたしのうちに修徳の願いをいよいよ増し加えてください。*

* ここで第三巻第一部は終る。それはこの書の第一巻に関連して書かれたものであろうという。

第六章　聖餐拝受の前に実行すべきことは何か

弟　子

一　おお主よ、あなたの絶大な尊厳とわたし自身の卑賤とを思い合せる時、わたしは恐れと惑いとに満たされます。

二　この尊い聖礼典を拝受しないならば、わたしは生命から離れることになりますし、不適当な拝受をするならば、あなたに重大な罪を犯すことになります。

三　おお、わが神、わが助け主、危急の時の助言者よ、わたしはどうしたらよいのでしょうか？

四　わたしに正しい道を教え、みからだを正しく拝受する簡単適切な方法をお教えください。

第七章　良心の吟味と改善の決意とについて

イエス・キリスト

一　まず何より大切なことは、あくまでも謙遜な心と、うやうやしい敬虔と、ゆるがない信仰とをもって聖餐に近づくことである。

二　こまかくあなたの良心を吟味し、真のざんげと謙遜な告白とをもって力のかぎりあなた自身をきよめ、あなたの良心を圧迫する一物をもとどめず、また自覚しないようにしなければならぬ。

三　あなたのすべての罪を一般的に悔やむと共に、あなたの日々の過失をとりわけ悲しむべきである。そして時間が許すならば、あなたの悪性と悪徳とのみじめさを心の底から神のみまえで自認すべきである。

四　あなたの嘆くべきは、あなたが今なおはなはだ肉的であり世俗的であることだ。

五　自分の悪性をさほど抑制しないことだ。
六　悪念邪情に満たされていることだ。
七　外的感覚に不注意なことだ。
八　またたびたび妄想にとらわれることだ。
九　新奇なことを聞き美麗なものを見たがることだ。
一〇　卑賤な仕事をするのを厭《いと》うことだ。
一一　言語に不謹慎なことだ。
一二　そして沈黙を守るのをきらうことだ。
一三　自分の意志をとげようと熱中することだ。
一四　また動作に不用意なことだ。
一五　自分の務めを行なうのに怠慢なことだ。
一六　心を他にそらしがちなことだ。
一七　また内的省察のまれなことだ。
一八　たちまち短気を起こし、すぐ不平を言うことだ。
一九　他人に対して怒りを感じやすいことだ。
二〇　順境の時に上《うわ》っ調子《ちょうし》になることだ。
二一　そして逆境の時に沈み込み、心の中で誇り高ぶっていることだ。
二二　また多くのよい決心をたびたびしながら、それをごくわずかしか実行しないことだ。
二三　あなたがこれら、およびその他の過失を、自分の弱さに対する多大の嫌悪と共に、痛嘆し告白したならば、その時あなたの生活を改善しようとする堅い決意をするがよい。

二四　次にあなたの意志を全く放棄し、あなた自身をわたしの名の栄光のために、たえざる燔祭《はんさい》として内心の祭壇にささげ、あなたの全身全霊を真心をもってわたしに委ねるがよい。

二五　そうすれば、あなたは、わたしのからだをもってするこの至聖な礼典から益を受け得るであろう。

二六　なぜなら聖餐を拝受するに当って、キリストのからだを供えると共に、あなた自身を完全純粋にささげるほど十全な罪のためのささげ物は、ほかにないからである。

第八章　キリストが十字架上にご自身をささげられたこと、およびわたしたちも聖餐拝受のとき、自分をささげるべきこと

イエス・キリスト

一　わたしが両手をひろげ、裸になって、神をなだめる犠牲にふさわしくない一物をも残すことなく、わたし自身をあなたの罪のためわたしの父にささげたように、あなたもあなた自身をあなたのもろもろの才能や情念と共に、純粋な供え物としてミサのあいだに毎日わたしささげねばならぬ。

二　あなたがあなた自身を全くわたしの手に委ねようと努めること以上に、何をわたしはあなたに

要求しよう？

三　あなた以外の何物かをわたしに与えても、わたしはそれを重んじない。わたしはあなたの贈り物を求めず、あなた自身を求めている。

四　わたしを措いて万物を所有しても、あなたは飽き足りないように、あなた自身をささげないかぎり、あなたの贈り物はわたしを喜ばすことはできない。

五　見よ、わたしが全くあなたのものとなり、あなたがわたしのものとなるために、わたしは自分の肉と血とを食べ物としてあなたに与えたではないか。

六　しかるにあなたがあなた自身をわたしの意のままに自由にささげないならば、あなたの供え物は完全でなく、わたしたちの結合も完成されないであろう。

七　だから、あなたが神の恵みと心の自由とを得たいと思うならば、あなたのあらゆる行為に先立ってあなた自身を進んで神のみ手に委ねなければならぬ。

八　内心を照らされた人が少ないのはこのためであって、それは自分を全く放棄することを知らないからだ。

九　わたしがかつて告げたあの宣言は、今なお決定的である。人はその所有するいっさいのものを捨てないかぎり、わたしの弟子となることはできない（ルカ一四・二六）。

第九章　わたしたち自身とわたしたちのすべての持ち物とを神にささげて万人のために祈るべきこと

弟子

一　おお主よ、天と地にあるすべてのものは、あなたのものです。

二　わたしは自分自身を永遠の供え物としてあなたにささげ、いつまでもあなたのものでありたいと願っています。

三　おお主よ、わたしは自分が初めて罪を犯した日からきょうまでのあいだに、あなたと聖なる天使たちとの前で、自分の心と舌と行ないとによって犯したすべての罪と過失とを、あなたのなだめの祭壇にお供えいたします。

四　そして、あなたがそれらをあなたの火によって焼き尽し、自分の罪のために失った恵みをわたしに回復させ、またあわれみをもってわたしを受けいれ、平和の口づけをお与えくださるよう、心の底からお願いいたします。

五　おお、わが神よ、わたしがみ前に立っている今、み恵みをもっておききいれください。

六　ごらんください、わたしはあなたのあわれみに自分をお委ねいたします。

七　どうかみ恵みによってわたしをあしらい、わたしの邪悪によってなさいませんように（詩篇一一九・一二四、同一三・一〇）。

八　わたしはまたみ恵みによってなし得たわたしの善行を、どんなに小さく不完全なものでも、すべてみ前におささげいたします、あなたがそれらを完成し浄化して、怠慢無益なしもべであるわたしを導き、幸いな最期を全うさせてくださいますように。

九　わたしは篤信な人々のあらゆる敬虔な願いを、すなわちわたしの両親、兄弟姉妹、すべての友人等、いまなお肉体にあって生きていると死んでいるとを問わず、あなたのためわたしや他の人々に善をなした人々の求めを、みまえにおささげいたします。どうか彼らがすべての災害から解き放たれ、喜びをもってあなたを讃美し、あふれるばかりあなたに感謝するにいたりますように。

一〇　わたしはまた多少でもわたしを傷つけ、痛め、辱かしめ、なんらかの損害や悲しみを与えた人々のために、特に祈りとあがないの供物とをおささげいたします。さらにわたしがいつも言葉や行ないによって、知りまたは知らずに痛め、傷つけ、悩まし、つまずかせたすべての人々のためにも、同様にいたします。どうかわたしたち相互の罪と過失とをことごとくおゆるしください。

一一　おお、いとも愛する主よ、あらゆる疑い、苦《にが》み、怒り、争い、その他わたしたちの中にあって神の愛を傷つけ兄弟愛を多少でもそこなういっさいのものを、わたしたちの心から取り去ってください（ルカ一四・二六）。＊

＊　ここで第三巻第二部は終る。それは第二巻第二部に関連して書かれたものであろうという。

第一〇章　聖餐拝受は軽率に省略してはならないこと

イエス・キリスト

一　あなたは自分の情欲や悪徳からいやされ悪魔の誘惑に対して、もっと強く用心深くなるために、神の恵みとあわれみとの源泉にたびたびおもむくべきである。

二　なぜなら、敵はこの聖礼典を受けることに含まれている利益とすぐれた効果とを十分承知しているので、忠実な人々の熱意と修徳とを妨害して、彼らを聖餐の拝受から引き離すために全力を尽すからだ。

三　或る人は聖餐拝受の準備中に、悪魔の奸計《かんけい》によって邪念に悩まされることがある。

四　それというのは、ヨブ記にしるされているように、悪の霊は神の子らの中に入り、その常用の悪意をもって彼らを惑わしたり、しきりに狐《こ》疑逡巡《ぎしゅんじゅん》させて聖餐に対する願いを減少させたり、また悪質の攻撃を加えて彼らの信仰をさらおうとしたりして、彼らに聖餐拝受を全く断念させないまでも、少なくとも冷淡に受けさせようと目論《もくろ》むからだ。

五　しかし悪魔の奸計《かんけい》はいかに邪悪な憎むべきものであっても、それを意に介せず、むしろ彼自身の頭上に投げ返すべきである。

六　また往々自分の修徳についての過度の配慮から聖餐を辞退する人もある。それは告白をする時あまり神経質になり過ぎるからだ。

七　けれども賢明な指導者の忠言に従って、すべての心配とためらいとを払い去るがよい。それらは神の恵みを妨げ、魂の修徳を破壊するからだ。

八　多少の心配や煩悶があるからといって、この尊い聖礼典にあずかることをやめてはならぬ。むしろ何か気になることがあったら、さっそく告白をしに行き、あなたを煩わした人を進んでゆるすがよい。

九　またあなたがだれかを煩わしたならば、へりくだってゆるしを求めよ。神は喜んであなたをおゆるしくださるであろう。

一〇　告白を長く延ばしたり、幸いな聖礼典にあずかることを遅らせたりしても、なんの益があろうか？

一一　できるだけ早く自分をきよめ、速かに毒を吐き出し、急いで薬をとるがよい。そうすればあなたは、それを長く遅らせるよりも、はるかにさわやかさを覚えるであろう。

一二　もしあなたが今そのような理由で聖餐を怠ったならば、おそらく後にはさらに大きな理由が生じるであろう。そうしてあなたは長いあいだ聖餐拝受を妨げられ、ますますそれにあずかりにくくなるであろう。

一三　ああ、冷淡で無精な人々は告白と聖餐とをとかく延ばしがちだ。それはかくも厳格な省察を自分の身に加えることを好まぬからである。

一四　ああ、なんと遺憾《いかん》なことであろう！　幸いな聖礼典にあずかることをそんなに軽々しく怠る者は、いかに乏しい愛、弱い信仰の持ち主であろうか！

一五　ああ、それに反して、許されさえしたらまた人目に立ちさえしなければ、毎日熱心に聖餐拝受をするだけの心備えが常にできているような生活をし清い良心を保っている人は、いかにも幸いであり神に喜ばれることであろうか！

一六　すべて篤信な人は、毎日でも毎時でも霊的な聖餐を拝受することができるが、特定の日にはそれ相応のうやうやしさをもって救い主のみからだを拝受すべきである。

一七　それというのも、信仰をもって主の降誕と苦難とを冥想するならば、それによって主の愛に燃え立たしめられ、そのつど霊的な聖礼典にあずかって、それに養われるからだ。

一八　特別な祭日が近づくか、習慣に従うかする時だけ心備えをする人は、しばしば不準備に終るであろう。

第一一章　聖餐にあずかろうとする者は細心の注意をもって心備えをなすべきこと

イエス・キリスト

一　わたしは純潔の師であり、あらゆる聖浄の与え主である。

二　わたしは純潔な心を求める。それこそわたしの安居の場所である。

三　わたしのためによくととのえられた食堂を備えよ。わたしと弟子たちとはその部屋であなたと共に過越の小羊を食べるであろう(マルコ一四・一五、ルカ二二・一二)。

四　もしあなたの所へわたしに来てもらいたいならば、古いパン種を取り除いて、あなたの心の住まいをきよめるがよい(第一コリント五・七)。

五　いっさいの世俗とその栄華と罪の集積とをことごとく閉め出せ。

六　屋根におる孤独な雀のように、座して心を痛めつつあなたの罪を数えよ(詩篇一〇二・七、イザヤ三八・一五)。

七　すべて愛する者は、その愛人のために、最善最美の場所を用意する。それによって愛人に対する彼の愛情は知れるのである。

八　とはいえ、たといあなたの側で真剣な努力をし、まる一年間余事を忘れて備えたとしても、あなたの準備はなお不十分であると知るべきである。

九　あなたがわたしの食卓につくことを許されるのは、ただわたしの恵みといつくしみとによるのだ。あたかも富める人の宴会に招かれた貧しい人が、富める人の寛大に対して謙遜に感謝するほかなんの返報をもなし得ぬのと同じである。

一〇　あなたの心のかぎりを尽してそれを行なうがよい。習慣に従ったり必要に迫られたりしてするのでなく、恐れとうやまいと熱情とをもって、あなたのもとにあえて来られるあなたの愛する神である主のみからだを拝受すべきである。

一一　あなたを招いたのはわたしであり、それを行なえと命じたのはわたしである。わたしはあなたの足りないところを補ってあげよう。来て、わたしを受けるがよい。

一二　わたしがもしあなたに信仰に進む恵みを授けたならば、あなたの神に讃美と感謝とをささげるがよい。それはあなたがそれに値いしたからでなく、わたしがあなたをあわれんだからである。

一三　またもしあなたが信仰に進まないでかえって冷淡のために悩んだならば、祈りと嘆きとをもってわたしの戸をたたき、わたしに呼び求め、そして救いの恵みのわずか一滴でも受けるに足る者とされるまで求め続けるがよい。

一四　あなたはわたしを要するが、わたしはあなたを要しない。

一五　またあなたはわたしを聖別するために来るのでもない。

一六　あなたが来るのは、わたしによって聖別され、わたしに結びつけられるためである。新しい恵みを受け、あなたの改善に対する熱意を新たに燃やされるためだ。

一七　この恵みをなおざりにせず、細心の注意をもって心を備え、そこにあなたの愛する主を迎えるがよい。

一八　聖餐拝受前にうやうやしく準備するだけでなく、拝受後もあなたの敬虔を注意深く保持することが必要だ。

一九　またあなたは、聖餐前の敬虔な準備に細心であったように、その後も自分を監視することに慎重でなければならぬ。

二〇　聖餐後の慎重な自己監視は、さらに大きな恵みを受ける良い準備であるから。

二一　恵まれた聖礼典にあずかったのち、すぐ外部の慰めや楽しみに浸るようなことでは、実際聖餐拝受の資格を失ってしまうであろう。

二二　おしゃべりを慎み、私室にこもって、あなたの心を神に打ち明けるがよい。

二三　あなたは、全世界もなお容れることのできない神を所有しているのだから。

二四　わたしこそあなたの全自我をささげるべき者である。そうするならば、あなたは今後あなた自身にあって生きず、わたしにあって生き、あらゆる思い煩いから解き放たれるであろう。

第一二章　篤信な魂は恵まれた聖礼典の中でキリストとの結合を心から願うべきこと

弟子

一　おお、わが主よ、ただあなただけと相対し、わたしの全心をあなたに打ち明け、わたしの魂の欲するままあなたを楽しみ、だれもわたしをさげすまず、どんな被造物もわたしを悩まさず、あなただけが内的にわたしに語りかけ、わたしもあなたに語ること、あたかも愛する者が日ごろその愛人と語り、友が友と言葉を交わすようにしてくれる人はないのでしょうか(雅歌八・一、出エジプト三三・一一)?

二　わたしが祈り求めているのは、あなたと完全に一つとなり、あらゆる被造物から自分の心を引き離し、聖餐を拝受することによってますます天上のものを味わうことであるからです。

三　おお、わが主、わが神よ、いつになったらわたしはあなたと完全に一つとなり、自分を忘れ去ることができるのでしょうか?

四　あなたはわたしのうちに、わたしはあなたのうちに(ヨハネ一五・五)、そのようにしていつまでも共にいることを得させてください。

五　まことにあなたは、わたしの愛しまつる者、千万人のうちから選ばれ、わたしの魂が生きる日のかぎり宿ることを喜びとする者であられます（雅歌五・一〇）。

六　まことにあなたは、わたしを平和にしてくださるかた（マタイ五・九）、あなたの中には最大の平和と安息とがありますが、あなたの外には労苦と悲しみと限りない惨苦しかありません。

七　まことにあなたは、隠れています神、あなたのはかりごとは悪人に授けられず、あなたの好意は謙遜単純な者に与えられます（イザヤ四五・五、ヨブ二一・一六、箴言三・三四）。

八　おお主よ、あなたの御霊《みたま》は、いかにやさしいことでしょう。あなたはその子らにあなたの恵みを示すため、天からくだる最も甘美なパンをもって彼らをさわやかにされるからです。

九　われらの神であるあなたがすべてあなたに忠実な者らに近くおいでになるように、他の偉大な国民でかくも近くにいる神々を有する者は実際ありません。あなたは彼らを日々慰め、彼らの心を天にまで高めるため、ご自身を食べ物および楽しみとしてお与えになるからです（申命四・七）。

一〇　他の国民でキリスト者ほど恵まれた民があるでしょうか？　また天下に他の被造物で篤信な魂ほど愛されている者があるでしょうか？　神がその栄えあるみからだをもって彼らを養うためおいでになるとは。

一一　ああ、言葉につくしがたい恵みよ、すばらしい恩顧よ、特に人にのみ授けられる限りのない愛よ！

一二　しかしながら、この大きな恵み、この大きな愛に対して、わたしは何を報いるべきでしょうか（詩篇一一六・一二）？

一三　わたしのなし得る、み旨にかなうことは、自分の全心を神にささげて内的に神と一つになることよりほかにありません（箴言二三・二六）。

一四　わたしの魂が全く神と一つになるとき、わたしの内にあるすべてのものは喜びおどることでしょう。

一五　そのとき神はわたしに言われるでしょう、「あなたがわたしと共におるならば、わたしもあなたと共におるであろう」

一六　そして、わたしは答えるでしょう。「わたしは喜んであなたと共にとどまりますから、おお主よ、わたしと共にとどまってください。わたしの心が愛によってあなたと一つになることこそ、わたしの唯一の願いです」

一七　ですから篤信な魂がこの栄えある聖礼典にあずかったのち、時々言いがたい愛に燃やされ、他の何物にも心をひかれなくなるのは、怪しむに足りないのです。

一八　なぜなら花婿が花嫁と共に休息するため彼女の部屋に入ったならば、彼は彼女の心がほかに散ったり、彼女が別の考えにふけったりするのを好まず、むしろ彼女が入念に、ほかからの通路を全部閉ざし、霊を一つにして彼と幸福な語り合いをすることを望むからです。

一九　人のうち最も柔和であったモーセは、主のみ前において、口と口とをもって主と語り合いました（出エジプト三三・一一）。しかしこの愛すべき花嫁（キリスト者）は、神をあざやかに心に感じ、そのうえ互に心から心へ語り合います。愛は見るよりもむしろ感じることによって養われるからです。

二〇　モーセは主のみ顔を拝し得ませんでしたが、この花嫁は花婿と或る程度まで顔を合わせて相見、心と心と相いだき、彼に深くょりすがり、彼のうちに全く没入します。そして彼女は愛から愛へ、栄光から栄光へ、人間的から神的へ、地上のものから天上のものへ、恵みから栄光へと、神の御霊《みたま》に導かれるままに進んでゆくのです。
二一　マグダラのマリヤは、自分の罪のゆるしを与えられたとき、われらの主のみ足に口づけし、涙をもってみ足をひたしました（ルカ七・三八）。
二二　愛された弟子ヨハネは、イエスのみ胸によりかかりましたが、これは主のみ顔を目のあたり拝したのですから、いっそう大きな恩顧であったといえましょう（ヨハネ一三・二三）。
二三　けれども、すべてこれらのことも、神が聖餐においてご自身をお与えになる愛する花嫁の幸福には及びません。彼女は神のみ心にはいって行き、愛の本源までさかのぼり、神と一つになって休み憩《いこ》うのです（詩篇四・八）。
二四　彼女の愛は強くかつ生き生きとしていて、なんらの障害をも顧みず、どんな限界をも知りません。彼女は愛の対象のほか何をも思わず、求めるものはなんでも得るほど大きな力を持っています。
二五　ああ、なんという大きな恩顧でしょうか、栄光の王、天使たちの主、天父のひとり子が、謙遜にも天から地にあえてくだり、この貧しい卑しい花嫁と霊的一致におはいりになるとは！
二六　ああ、この最も尊い聖礼典に対するなんという大それた不敬の表示でしょうか、それにあずかったのち、つまらぬことや無益な雑談にふける人があるとは！
二七　おお、最愛の主よ、もし一人のあわれな病人が名高い医師の来診と治療とを熱心に請い求め、その高貴な人が身を低くして彼の所に来た場合、このあわれな病人がその医師の技術を利用しようともせず、その知恵を尊重する代りに、無用な質問によって彼を悩ましたとしたら、医師の知識をかくも軽視し、自分の健康を愚かにもなおざりにするこの病人に対して、その賢明な人がどんなに大きな憤りを感じるかを、想像してください。

二八　しかしながら、おお愛する主よ、これはなんという適切な比喩《ひゆ》でしょう！　あわれにもわたしたち邪悪な人間が、万物を造られた神を、その恵みがなければ何の善をもなし得ぬにもかかわらず、破廉恥《はれんち》にも無視しているさまは、これと同じであるからです。

第一三章　われらの主イエス・キリストのみからだに対する篤信な人々の熱烈な願望について

弟子

一　おお主よ、あなたを恐れる者のためにたくわえられたあなたの恵みの量は、いかに大きいことでしょう（詩篇三一・一九）！

二　おお主よ、大きな熱意をもって聖餐にあずかる篤信な人々のことを思うとき、かくも生《なま》ぬるく聖餐の食卓に近づく自分を省みて、しばしば恥かしく感じ当惑を覚えます！

三　わたしは冷淡で心の潤《うるお》いに欠け、また、わが神よ、あなたに対する愛に燃えていません。

四　わたしは愛の力に強くひかれていませんが、多くの篤信な人々は、この聖礼典に対する熱烈な願いとその内心の鋭敏な愛とから、涙をとどめ得ないのが常でした。

六　彼らは身と魂との口を開いて、わが神よ、生ける水の源であるあなたをあえぎ求めました（詩篇四二一、二）。それというのも、大きな喜びと霊の熱心とをもってみからだを拝受するまでは、彼らの飢渇を和らげることもいやすこともできなかったからです。

七　ああ、彼らの燃えるような信仰はいかに真実であったことでしょう。それこそあなたの聖なる現臨の明らかなしるしです。

八　なぜなら、これらの人々は、パンがさかれるとき彼らの主を真実に認め、彼らと共に歩まれるイエスによって、心の内が燃えるのを覚えるからです（ルカ二四・三二、三五）。

九　ああ、かくも熱烈な願望と敬虔、かくも燃え立つ愛から、わたしはしばしばあまりにかけ離れています！

一〇　おお、恵みといつくしみとに富まれるイエスよ、わたしをあわれみ、聖餐拝受のとき、せめて時おりでも、あなたの愛を真心から願う者に少しでもしてください。そしてわたしの信仰が強められ、あなたの恵みに対する希望が増し、いったん天来の甘美な糧によって養われたわたしの愛が盛んに燃え立ち、再び消えることがないようにしてください。

一一　あなたのあわれみは絶大ですから、この切に求めている恵みをわたしにお与えくださると共に、み旨にかなう日が来たならば、燃える御霊《みたま》をもって恵み深くわたしを訪れてくださるでしょう。

一二　わたしは特に敬虔なあなたの友らのように熱烈な願望に燃えることはできませんけれども、お恵みによってそのような燃えさかる願望の与えられることを切望し、あなたを熱烈に愛するすべての人々と相伍して、彼らの聖なる集団に加えられるよう祈る者です。

第一四章　わたしたちの欠乏をキリストに打ち明け、その恵みを求めるべきこと

弟子

一　おお、いとも恵み深い愛すべき主よ、わたしは今うやうやしくあなたを拝受しようとしていますが、あなたはわたしの弱点とわたしの忍んでいる欠乏とを知り、わたしがいかに多くの悪徳に悩み、たびたび誘惑を受け、煩悶《はんもん》に陥り、絶望に沈み、罪に汚されるかをご承知です。

二　わたしは助けと慰めとを求めて、みもとにまいりました。どうかわたしをお救いください。

三　万事を知り、わたしの内部をすべてわきまえ、そしてわたしをただひとり完全に慰め助けたもう主に、呼び求めます。

四　あなたは他のどんな被造物にもまさって、わたしが善に欠け徳に貧しいことをご承知です。

五　ごらんください。今わたしは貧しい裸のまま、恵みとあわれみとを求めてみ前に立っています。

六　わたしの盲目をあなたの現臨の輝きによって照らし、あなたの飢えた乏しいしもべを養い、わたしの冷かな心をあなたの愛の火によって燃やしてください。

七　わたしの内にあるすべての地的なものを苦味に変え、あらゆる煩わしい堪えがたいものを忍耐に転じ、いっさいの造られたものをさげすみ忘れさせてください。

八　わたしの心を天上のあなたに向かわせ、わたしが地上をさまようことのないようにしてくださ い。

九　あなただけが今からいつまでもわたしの唯一の楽しみとなってください。あなたはひとりわたしの食べ物と飲み物、わたしの愛と喜び、わたしの甘美と幸福のすべてですから。

一〇　おお、どうかあなたの現臨によってわたしを燃え立たせ焼き尽し、ご自身に同化してくださ い。そして内的一致の恵みと白熱する愛の熔解とによってあなたと一つの霊としてください！

一一　私を飢え渇いたままで去らしめず、あなたの聖徒たちをしばしばくすしくあしらわれましたように、あわれみをもってあしらってください。

第一五章　キリストのみからだと聖書とは忠実な魂に最も必要であること

弟　子

一　おお、いつくしみふかい主イエスよ、あなたの会食に列してあなたと食を共にする篤信な魂の喜びは、どんなに大きいものでしょう！　彼の前には彼がただひとり愛している者、彼の心のあらゆる願いにまさって願わしいあなたのほか、他の糧はないのですから。

二　そしてあなたのみ前に、わたしの心の最も深い愛情から涙をそそぎ、篤信なマグダラのマリヤのように、み足を自分の涙にひたし得るならば、まことに喜ばしいことでしょう。

三　しかし、ああ、この敬虔、この聖なる涙の尊い流れはどこにありましょうか（ルカ七・三八）？

四　たしかにあなたと聖なる天使たちとの前では、わたしの全心が愛に燃え、喜びに涙するはずです。

五　なぜなら聖礼典の中に、ほかの形に隠れていますとはいえ、あなたが真に現臨しておられるのをわたしは拝するからです。

六　それというのも、あなたの本来の神聖なみ姿を拝することは、わたしに堪えられないのです。

七　そこであなたは、聖礼典の中にご自身を隠して来ることによって、わたしの弱さを助けようとされたのです。

八　わたしは主が真に現臨されるのを覚え、天使たちが天上において拝している主を拝しています。

九　わたしは今なお信仰によって主を拝していますが、天使たちは真のみ姿をヴェールなしに拝しているのです（第一コリント一三・一二）。

一〇　永遠の光の日が明けそめて、もろもろの形の影が消え去るまで、わたしは真の信仰の光に満足し、今のときはその中を歩まなければなりません（雅歌二・一七）。

一一　けれども全《まった》き者が来られる時、この聖礼典の効用もすたることでしょう。天上の栄光の中にある恵まれた人々は、もはや聖礼典の薬を要しないからです（第一コリント一三・一〇）。

一二　彼らは神のみ前においてその栄光を仰ぎつつ限りなく喜びます。そして信仰の栄光から神ご自身の栄光へと進み、初めからいまし永遠にいます肉体となった神の言葉を味わいます。

一三　これらの驚くべきことを思うとき、霊的な慰めすらわたしにははなはだ物うい ものになります。わが神をその栄光の中にまのあたり拝さないかぎり、すべてこの世で見聞きするものはわたしにとってなんの価値もないからです。

一四　おお主よ、わが神よ、あなたはわたしの良心の証人として、わたしが黙想し所有し永遠にあやかろうとするあなたひとりのほかに、何者もわたしを慰め得ず、どんな被造物もわたしに安息を与え得ないことをご承知です。

一五　ああ、しかしながらこのことは、わたしがこの死ぬべき生にとどまるかぎり、不可能なことです。ですから、さらに大きな忍耐をかちえるために努力し、神のみ旨に自分のあらゆる願いを委ねることが必要です。

一六　なぜなら、おお主よ、今や天国においてあなたと共に喜んでいる聖徒たちも、この世に生きていたあいだ、あなたの栄えある来臨を信仰と大きな忍耐とをもって待ち望んでいたからです。

一七　彼らが信じたことをわたしも信じ、彼らが望んだことをわたしも望み、彼らが到達した所へわたしもお恵みによって到達したいのです。

一八　その時までわたしは自分の慰めおよび人生の鏡として聖書を持ち、そのうえ特別な薬および隠れ家としてあなたの至聖なるみからだを持っているのです（第一マカベ一二・九）。

第一六章　熱い愛と切なる願いとをもって聖餐を拝受すべきこと

弟子

一　愛する主よ、その聖浄な生涯によってあなたにいたく喜ばれ、特にすぐれた敬虔をもってあなたに帰依した多くの聖徒や篤信者たちが、聖礼典においてあなたを拝受することを熱望したように、わたしも最も深い恭敬と熱い愛と心のあらゆる情感と熱意とをもってあなたを拝受したいと切望しています。

二　おお、永遠の愛であってわたしのいっさいの善であり限りない幸福であられる神よ、かつて聖徒たちがいだきまた味わった最大の願いと最深の敬虔とをもって、わたしはあなたを拝受したいのです。

三　わたしはこの生き生きした敬虔を持つに足らない者ですが、それでもなお自分だけがこの最も熱烈な情感をかき立てられたかのように、わたしの全心の愛を、あなたにおささげいたします。

四　またおよそ敬虔な心が思いまた願い得るものは何によらず、最大のうやうやしさと愛とをもってあなたに供えかつおささげいたします。

五　何ひとつ自分のために残しておこうとは思いません。喜んで自由にわたし自身とわたしのいっさいの所有とをあなたにおささげいたします。

六　おお主よ、わたしの神、造り主、救い主よ、あなたの至聖なる母、さかえある童貞マリヤが、あなたの母になるであろうとの音ずれをもたらした天使に、「わたしは主のはしためです。お言葉どおりこの身に成りますように」と謙遜恭敬に答えて、あなたを拝受することを希望しましたように、わたしもきょうそのような情感と愛と敬意と、そのような感謝と卑下と頌栄と讃美と、またそのような純潔と希望と信仰とをもって、あなたを拝受したいと念願しています（ルカ一・三八）。

七　またあなたの幸いな先駆者、聖徒中の最大の者バプテスマのヨハネが、まだ母の胎内に宿っていた時、聖霊の喜ばしい啓示によってあなたの現臨をこの上なく喜びましたように、さらにまた多年を経《へ》たのち彼が人々の中を歩かれるイエスを見て自らを卑下しつつ、「花婿の友人は立って彼の声を聞き、大いに喜ぶ」と言いましたように、わたしも絶大聖浄な願いに燃え立ち、わたし自身を心の底からあなたにお供えいたしたいのです（ルカ一・四一、ヨハネ三・二九）。

八　ですから、わたしは、あらゆる篤信な魂の霊的な喜びと熱い愛情と聖なる忘我と超自然の照明と天来の幻示とを、天と地とにあるすべての被造物によって現在ささげられ将来ささげられようとするいっさいの美徳と讃美と共に、あなたにおささげいたしたいのです。わたしがこれをわたし自身とわたしのあらゆる友人とわたしが祈ることを頼まれたすべての人々とのために、ささげたく願っているのは、あなたがあらゆる被造物により永遠にわたって正しくあがめられたたえられるためです。

九　おお、わが主、わが神よ、あなたを永久にほめ、たたえ、祝福しようとするこのわたしの願いを受けいれてください。あらゆる被造物は日夜あなたに誉れを帰するのが当然ですから。

一〇　毎日毎時、わたしは祈り、あらゆる天上の霊とすべての篤信な人々とがわたしと共に讃美と感謝とをあなたにささげるよう、切なる願いをこめて勧請したいのです。

一一　どうかすべての国民と世代と、あらゆる言葉と心とが、大きな喜びと熱烈な愛とをもってあなたのうるわしい聖なるみ名をほめたたえますように。

一二　どうか正しくうやうやしくしかも全幅の信仰をもって、このいとおごそかな聖礼典にあずかる人々が、ことごとくあなたの恵みとあわれみとをこうむり、またあわれな罪びとであるわたしのためへりくだって祈ってくれますように。

一三　そして彼らがその熱望した篤信とあなたとの甘美な結合とを得て、あなたの聖なる天来の食卓から豊かに慰められくすしく強められて退くとき、あなたのみ名のゆえに、わたしのあわれな魂を思い起こすように、わたしは祈ります。*

* この第三部は、ホロートが死の直前、第二巻の最後の部に関連して書いたもので、彼は自分の死が切迫していることを明らかに予期している。次の二章はおそらく「共同生活の兄弟会」に属するヤン・ヴァン・スフォーンホーヴェンの筆に成るもので、特に聖職者のため附加されたものであろうという。

第一七章　聖職者の地位は尊厳であること

一　たとい天使の純真とバプテスマの聖ヨハネの聖浄とを持っていても、あなたは恵み豊かな聖礼典を拝受しまたは執行するには足りないであろう。

二　人がこの尊い聖礼典を聖別し執行し、天使の糧《かて》を食べ物として拝受するのは、彼自身の功徳によるのではない。

三　天使にも許されぬことをわれらの主から授けられた聖職者の任務は、まことに崇高であり、その尊厳は偉大である。

四　聖なる教会において正当に任命された聖職者のみ、ミサを執行し、キリストのみからだを聖別する権能を持っている。

五　聖職者は神の仕え人であって、神の命令と任命とによって神のみ言葉を用いるのだ。

六　そこでは神ご自身が主要な見えない活動者でありたまい、そのみ旨にすべての者は服し、その命令にあらゆるものは従うのだ。

七　だから、このいとおごそかな聖礼典に関するかぎり、あなたは自分の感覚や何かの見えるしるしよりも全能者である神のみ言葉を信ずべきである。

八　そしてまたあなたは恐れとうやうやしさとをもって聖卓に近づくべきである。

九　ああ、聖職者よ、司教の按手によってあなたに委託された任務がどんなものであるかを思うがよい。

一〇　見よ、あなたは聖職者とされ、神の命令と任命とによってこの尊い聖礼典を行なうため聖別されたのだ。この供え物を適当な時に忠実敬虔に神にささげ、あなたの行事をとがめなきものとするよう注意せよ。

一一　あなたは自分の重荷を軽減されたのではなく、むしろ今やいっそう厳格な規律のきずなによってしばられ、さらに完全な聖浄に進むことを強いられているのだ。

一二　聖職者は、徳を飾りとし、よい生活の模範を人々に示すべきである（テトス二・七）。

一三　その生活は普通人のようにあるべきでなく、天上のみ使や地上の完徳者の生活のようでなければならぬ。

一四　聖職者は聖衣をまとっている時は、キリストの地位を占めているのであるから、自分およびすべての人のためへりくだって神に祈るべきである（ヘブル五・三）。

一五　彼が聖衣の前とうしろとに聖なる十字架のしるしを帯びているのは、常にキリストの苦難を思い起こすためだ。

一六　彼が式服の前に帯びている十字架は、キリストのみ足跡を忠実にみまもり、それに従おうとして熱心に努めるためだ。

一七　彼のうしろにしるされている十字架は、他人が彼に加えるあらゆる反抗と害悪とを神のみ名によってあわれみ深く堪え忍ぶためだ。

一八　前に帯びている十字架は、彼自身の罪を悲しむため、うしろのは他人の罪を同情をもって嘆くためである。したがって彼は神と人との仲保者であることを覚え、神の恵みとあわれみとを得るため、祈ることと聖なる供え物をささげることとを怠ってはならない。

一九　聖職者はミサを執行するとき、神をあがめ、天使を喜ばせ、聖なる教会の徳を建て、生者を助け、死者にあわれみを施し、自分をすべての善事にあずかる者とするのである。

第一八章　聖職者の任務は神聖であること

一　ああ、聖職者の任務は、いかに偉大であり尊ぶべきものであろう。彼は聖なる言葉をもって全能の主を讃美し、そのくちびるをもって主を祝福し、その手をもって主を奉持し、その口をもって主を拝受し、定められたとき忠実な人々に主を授けることを委ねられているのだ。

二　ああ、至純《しじゅん》の主がかくもしばしばおはいりになる聖職者の、その手はいかに清潔であり、その口はいかに純真であり、そのからだはいかに潔白であり、その心はいかに無垢であるべきであろうか！

三　キリストのみからだをたびたび拝受する聖職者の口からは、神聖な建徳的な尊敬すべき事がらのほか何ももれるべきではない。

四　キリストのみからだを常に拝見する彼の目は、清明純潔でなければならぬ。

五　天地の創造者をたえず奉持する彼の手は、清浄であって、天にあげられていなければならぬ。

六　特に聖職者に語られた律法の言葉がある。「あなたがたの神、主なるわたしは聖であるから、あなたがたも聖でなければならない（レビ・九・二）」

七　おお、全能の主よ、み恵みをもってわたしたちを助け、聖職の地位を受けたわたしたちが、全き純潔と無垢《むく》の良心とをもって、正しくうやうやしくあなたに奉仕し得るようにしてください。

八　そしてもしわたしたちが自分の送るべきそのような完全無欠な生涯を送れないとしたら、せめて自分の犯した罪を正当に悲しみ、今後へりくだった魂と善良な志から生じる堅い決意とをもって、いっそう熱心にあなたに奉仕することを得させてください。

解説

一 原著者の問題

『イミタチオ・クリスチ』De Imitatione Christi は、もともとラテン語で書かれ、トマス・ア・ケンピス Thomas a Kempis がその著者であると、一般に考えられていた。しかし、それは単なる流説にすぎず、少し立ち入って研究した人には、多大の疑惑をもって見られていた問題であった。(1) なるほど、一四四一年のトマス自筆原稿の末尾には、「ヅウォレ附近の聖アグネス山にて修道士トマス・ア・ケンピスの手によりて終了完成さる」Finitus et Completus per manus fratris Thomas a Kempis in monte Stae Agnetis prope Swollam と書かれてはいる。(2) しかし、これは必ずしも著作のことを意味せず、編集または筆写のことをも解され得る。事実、それ以後のオランダおよびドイツ系の一五世紀版には、トマスを著者とするものが、かなりにあるが、同世紀末以後のイタリア、フランス、スペイン系のものは、たいていジャン・ジェルソン Jean Gerson を著者としている。

そこで両説を支持する人々の間に論争が起り、この問題はついに教皇庁の裁決を仰ぐことになった。一六三八年、カトリック教会当局はジョヴァンニ・ジェルセン Giovanni Gersen（一三世紀のイタリア、ヴェルチェーリのベネディクト会修道院長であったと想像される人）を、この書の著者と認定し、翌年にはその後の版にこの人の名をしるすべきことを命令した。しかし問題はそれをもって落着せず、世紀から世紀にわたってむしかえされ、いつ果てるとも知れない有様であったが、[3] 今世紀の初めになってイタリア派が鉾《ほこ》を収《おさ》めたため、トマス著者説に軍配があがり、一九二一年、トマスの生地ケンペンの町でトマス像の除幕式が行なわれて、この問題もいよいよ大詰にきたかと思われたのであった。

ところがその時、突如として青天《せいてん》の霹靂《へきれき》ともいうべき歴史的事件が勃発《ぼっぱつ》した。同年、ドイツのリューベック市立図書館において、かつて共同生活の兄弟会 Fratres Communis Vitae 修道女会の所蔵であった『イミタチオ』の写本二冊が発見されたのである。それらは、いずれもトマス版の第二編および第三編に相当するものであったが、第三編が十五章ばかり欠如していた。調査研究の結果、欠如している写本の方がより古いもので、十五章はあとで附加された部分であり、それを附加したのはトマスであることが指摘された。けれども原著者が誰であるかはまだ判明しなかった。

この写本発見によって、またまた激しい論争が巻き起った。オランダにおいては、トマス著者説が多年牢固《ろうこ》として抜くべからざる勢力を占めていたが、この堅塁《けんるい》が論争の結果として徐々《じょじょ》に崩れ始めたのである。そしてトマスが筆写した言葉は、彼の属していた教団の創立者ヘーラルト・ホロート Gerard Groote およびその後継者フローレンス・ラードウェンス Florence Radewijns のものであり、後者は前者の言葉を反覆《はんぷく》したに相違《そうい》ないので、結局『イミタチオ』の真の著者は、ヘーラルト・ホロートその人であるというのが大体の結論になってきたのである。

それらは主として第二編および第三編の検討から引き出された結論であるが、第一編についても詳細慎重な研究が発表された。オランダ、ネイメーヘン市カトリック大学名誉学長ヤコブ・ヴァン・ヒンネケンの『イミタチオ・クリスチの最古のテキストおよび第一編の真の著者研究』Jac. van Ginneken, *Op zoek naar den ouden teksten den waren schrijver van het Eerste boek der Navolging van Christus*, Gent-Wetteren, 1929 がそれである。この研究において、『イミタチオ』の本文とホロートの生涯、手紙、その他の著書との比較照合が行われ、その結果、問題の書はホロートが中世オランダ方言で書き、そのラテン語訳をトマスがあとで加筆編集したものであることが確定的となった。ここにはそのくわしい考証は省《はぶ》くけれども、今ではこの新説が次第に受けいれられ、それに基《もと》づく原本と訳本とが在来のものに取り代りつつあることを附言しておく。

それにしても、これにはなお二、三の疑点《ぎてん》が残る。まずイタリアやフランスで、ジェルソンまたはジェルセンという人が著者とされたのはなぜであろうか。この誤りの起源は古く、すでに一四一六年のコンスタンツ公会議に端を発しているといわれる。このとき会議に出席したオランダ、ウィンデスハイムの共同生活の兄弟会修道院長ヤン・ホスヴィン・ド・ヴォス・ヴァン・ヘースデン Jan Goswin De Vos van Heusden は、イタリアのベネディクト会修道院長ルドヴィコ・バルボ Ludovico Barbo と知り合い、自分の携《たずさ》えていた『イミタチオ』の著者は誰であるかと、後者から聞かれて、筆者不明であると答えたところ、バルボはそれを謙遜《けんそん》からの遠慮と解し、ヘースデンその人こそ著者であると早合点《はやがてん》してしまったのである。そして、このホスヴィン Goswin という名が南欧風になまって、イタリアではゲッセム（ン）Gessem (n)、のちにジェルセン Gersen となり、フランスではジェルセム Gersem、のちにジェルソン Gersom となった。そのうえ、それらの人がイタリアではヴェルチェーリ修道院長と、フランスではパリ（大学）参事と同一視され、すでにヘースデンの存命中にジェルセン著者説なるものが生じたのである。

そこで、一四二四年、オランダのウィンデスハイム修道院において臨終の床にあったヘースデンを、同じ教団に属する二人の修道士ヤン・ヴァン・スフォーンホーヴェン Jan van Schoonhoven とトマス・ア・ケンピスとが訪問し、この問題の処置方を相談したのであった。その結果として、『イミタチオ』の第一編はスフォーンホーヴェンのラテン語写本を、第二編は最善のラテン語写本を台本として、トマスが決定版を作ることになり、それらにホロートの聖餐式《せいさんしき》についての文章（第四編）と、彼の「近代的敬虔」運動に関する叙述（第三編）とを附加して、全体をさらに大部のものにすることが協定された。ところで、第三編の内容には、あとで触れるように、多少の難点があったので、トマスに課せられたのは、それを修正改作することであった。トマスはこの仕事にすぐ取りかかったが、一四二七年の末に、在来の二倍におよぶ書物を完成して、一般社会に公表したのである。さきに引用した一四四一年の彼の自筆原稿にしるされた語は、このことを意味するものにほかならない。

以上によって、ジェルセン著者説やトマス著者説のいわれは一応わかるが、それでは原著者ホロートの名が初めから隠されていたのはなぜであろうか。それに答えるには、ホロートの生涯と事業とを一瞥《いちべつ》しなければならない。

二　原著者の生涯

ヘーラルト・ホロート（ラテン語では大ゲラルドス Gerardus Magnus ドイツ読みでは、ゲーラルト・グローテ）は、一三四〇年、オランダのヘルデルランド州デーヴェンテルで生まれた。同市で基礎教育を受けたのち、アーヒェン、パリ、ケルン、プラハの諸大学に学んで、神学、哲学、教会法、医学、天文学、ラテン、ギリシア、ヘブル等の古代語を修《おさ》め、当時の碩学《せきがく》の一人と目《もく》されるに至った。

彼は学識においてだけでなく、才幹においても傑出し、二六歳の時、デーヴェンテル市からアヴィニョンの教皇庁につかわされて、政治的折衝に当ったこともあった。そして帰国後まもなくケルン大学の哲学および神学の教授に任命された。そのうえユトレヒトとアーヒェンとの二つの教職禄《きょうしょくろく》をも受けるようになった。富と幸福とに恵まれた彼は、そのころから世俗的享楽にふけるようになったが、三〇歳のころそれらのもののむなしいことを自覚し始めた。そして以前の学友で当時ライン河畔《かはん》のムニックホイゼン修道院長をしていたヘンドリック・アーヘル・ヴァン・カルカル Hendrik Aegher van Kalkar と会見し、その指導のもとに、地上の事物から離脱して、キリストに従う生活にはいった。何事にも中途半端でいられなかった彼は、いっさいの栄職、禄俸、財産を放棄し、生活に必要なわずかのものだけを残して、一意専心キリストの足跡に従おうとしたのである。それは一三七〇年の夏のことであったと推定される[4]。

当時、ブリュッセル附近のグローネンダールには、タウラーと共にエックハルトの感化を受けた有名な神秘家ヤン・ヴァン・ロイスブレーク Jan van Ruysbroeck が住んでいた。ホロートはこの人をしばしば訪問して、その教導をも受けた。彼がムニックホイゼンのシャルトルーズ会修道院にはいる決意をしたのも、この神秘家の勧めによったのであろうといわれる。

この修道院にあって霊的生活に励むこと三年、ホロートは霊性に多大の進歩をとげたが、院長カルカルは、彼が説教の才能にひいでていることを認め、修道士になるよりも世間にでて民衆の教化にたずさわる方が適当であると告げたので、彼はそれに従って郷里デーヴェンテルに帰った。そしてまず生家を開放して共同生活をする貧しい婦人たちに提供し、土地の一部をムニックホイゼン修道院に寄付し、さらにパリに行って説教のために必要な教父たちの書を購入した。彼はすでに助祭の職位を得ていたので、ユトレヒト教区において説教する允許を受け、一三七八年からいよいよ宣教活動を始めた。その名声はたちまち四方に伝わり、聴衆は群《むら》がって常に堂外にあふれる盛況を呈した。彼は神の恵みを説き、人々に悔い改めを促すと共に、教会の規律の弛緩《しかん》と聖職者生活の頽廃《たいはい》とを指摘してはばからなかった。またスコラ哲学的傾向に反対して、聖書を読むことを勧め、詩篇を自国語に訳し、聖書を筆写する同志を集め、新しい敬虔《けいけん》の気風を作興した。これがいわゆる「近代的敬虔」Devotio moderna の運動である。

彼の周囲には次第に協力者が集まり、彼の事業を助けるようになったので、彼は共同生活の兄弟会（カトリック訳名、共住生活修士会）という団体を組織し、いっそう活発にその運動を推進した。その主要な事業は青年教育であって、彼の主唱の下に同じ趣旨の学校が欧州各地に設けられ、すぐれた修道士が無報酬で熱心に教え、多くの青年が無学資で特色ある教育を受けた。後年、人文主義者エラスムスや宗教改革者ルターに指導と感化とを与えたのも、この系統の教育であった。不幸にしてホロートは、この計画の中途で倒れたが、その事業は彼の弟子フローレンス・ラードウェンスによって継承され、のちに共同生活の兄弟会の本拠となったウィンデスハイム修道院の創立として実を結んだのである。

しかし、ホロートの運動は、他面において多くの激しい敵をつくった。彼が仮借するところなく聖職者と信徒との積弊を攻撃し、特に聖職者の蓄妾《ちくしょう》を槍玉《やりだま》にあげたことは、それらの人々の憤激を買い、彼らはユトレヒトの司教に迫って、ホロートの説教允許《せっきょういんきょ》を取り消させようと策動した。初めは彼に好意を寄せていた司教も、ついにはそれに動かされて、一三八三年の秋、司祭でない者の説教停止令を下《くだ》した。ホロートは、神に仕える唯一の道を閉されて、煩悶懊悩《はんもんおうのう》の日を過ごした。その内に同様な処分を受けた他の者には、允許が再下付されたにもかかわらず、彼には依然として禁止が解かれなかった。彼は司教の命に服すると共に、教皇に訴願した。そして回答に接するまで、ウドリヘムの修道院に退いて、祈禱と冥想と執筆とに専念した。

一三八四年の夏、オランダに黒死病が流行し、ホロートの一友人も悪疫に侵された。彼はその友人を見舞い、脈をとった瞬間、病毒が自分の体内に流れ入るのを覚えた。それから友人は快方に向かったが、彼自身は重態に陥った。しかし最期の時に臨んでも、彼の心は平安に満たされ、天来の光に輝いていた。彼は、集まってきた弟子たちに向かって、「人は神の定めに逆らって何事をもなし得ない。わたしが天に帰ったならば、この世に花の雨をふらせるであろう」"qu'arrivé là-haut il ferait descendre sur le monde une pluie de roses" といって瞑目した。行年四四歳であった。[5]

天に帰った彼は、その約束に従って、花の雨をふらせ始めた。その時から今日まで、全世界の人々に愛読された『イミタチオ』は、まさにその慈雨にほかならない。この宗教的古典を読んで、救いと力と慰めを味わった人は、古来幾百万人あるか知れない。しかし原著者自身は、まだ教会当局の嫌疑が晴れないうちに世を去り、彼の死を喜んだ敵がなお多く残存していたため、彼の遺稿は著者の名を冠せられずして、ただそのすぐれた内容のゆえに、修道士から修道士へ、人から人へと手渡されて行ったのである。

三 原著者と著作

右に述べたように、『イミタチオ』の原著者がホロートであるとするならば、その内的な証拠が著作の中におのずから表われているはずである。事実、原著者とその著作とは密接な相互関係を保っている。今できるだけ簡単にその主要な筋道をたどってみることにしょう。

この書の第一巻の最初の九章は、修道生活に少しもふれていないので、ホロートが修道院に入る前に書いた部分であることがわかる。それは世俗的生活から信仰生活に転じたのち、さらに修道院に身を投じるまでの心のたどりをしるしたものである。彼はその間に経験したことを、一個の平信徒として書いた。キリストに従おうとする決意、学問・名声・社交等のむなしさの自覚、目上の下に身を置くことの安全等は、そのまま彼の内的生活を反映するものである。しかし今やロイスブレークの勧めに従って、ムニックホイゼン修道院に入り、ヴァン・カルカルの指導の下に厳格な修道生活を営むようになる。第一〇章から第一七章まではその修練中に書きとめた霊的手記であり、その前半は修道院の中で感じる平和や喜びと共に試練や誘惑を、後半は修道生活において経験する兄弟愛実践の困難を述べている。第一八章からは文体が変り、日記体から講話風に移るが、これはおそらくホロートがムニックホイゼンを去ったのち、二、三の修道院で試みた信仰談であろう。このように見れば、第一巻の或る個所は、著者が自分に語りかけたもの、或る個所は、平信徒として自分と他の平信徒とに話しかけたもの、また或る個所は、修練士として自分の魂と他の同僚とに呼びかけたものであると見なすことができる。

第二巻第一部は、ホロートが霊的訓練を受けたムニックホイゼンの修道院で書いたか、デーヴェンテルで「近代的敬虔」運動を始めたころしるしたか、どちらかであるが、後者の可能性が強い。とにかく今まで考えられていたように、修練士に対する修練長の霊的訓話ではなく、自分の霊的子らのために書きとめた霊の父の生活記録であり、内的歴史である。そこには回心から宣教にいたるまでの魂の聖化の過程がしるされている。この第一部を貫いている主要モチーフは、第二部において取り扱われる花婿としてのキリストとの霊的一致に対して花嫁としての信徒の魂を備えることである。すなわち、キリストの御旨に添うために、地上の事物を正しく評価し、世間が軽侮《けいぶ》するものを喜んで愛好し、世間が愛好するものを進んで軽侮することを学ぶのである。そのようにして、ついにはキリストの十字架を愛するに至るべきことを、最後の章である「十字架の公道」において説いている。ここで特に注意すべきは「内的交わり」という用語であって、これはホロートの主唱した「近代的敬虔」と深く結びつくものである。なぜなら、Devotio moderna という語は、Doctrina moderna, Via moderna 等と同じく、「内的敬虔」を意味し、フランス語の vie intérieure（内的生活）と照応するものだからである。

第二巻第二部は、トマス版の第三編に当るが、トマス版ではその中の章節を任意に挿入または削除しているため、可なりの混乱を来している。しかし元にかえして、リューベック版のようにすれば、その関連はきわめて明白になる。すなわち、第一部において内的交わりのために備えられた魂が、今やキリストとの霊的一致に導かれ、キリストとの親しい交わりを経験する。そのために心要な条件は、謙遜を学ぶことであり、キリストに全く信頼して、地上のあらゆる事物から離脱し、利己心を捨て去ることである。そのようにして、キリストが全ての全てとなる時、この霊的一致は完成されるのである。現代における『イミタチオ』研究の権威ヴァン・ヒンネケンは、この第二部が第二巻中の圧巻であると評している。

『イミタチオ』は、本来ここで終るはずであったが、ホロートの生涯に思いがけない悲劇的事件が起ったため、第三部が附加されることになった。それは、すでに述べたように、死の前年、ユトレヒトの司教から彼が説教を停止されたことである。彼はその処置が敵の策動に基いていることを知って、非常に悲しんだが、謙遜に司教への服従を申し出ると共に、教皇に対して訴願を提出し、自分はウドリヘムの修道院に退いて、しばらく静養の時を過ごした。そのとき書きとめたのが、この第三部である。不当な圧迫を加えられて、反抗心がむらむらと起こるのを、高慢の所為として退け、ひたすらキリストに対する従順に生きぬこうとする彼の魂の苦悶が、至るところににじみでている。激しい内心の葛藤《かっとう》、戦慄、懊悩《おうのう》、悲嘆、涕泣《ていきゅう》等が、祈りと信従との言葉のあいだからもれてくる。世界の宗教文学はもとより、一般文学のうちにも、これほど深刻雄大なものは見いだせないとさえいわれる。このような材料から信心と建徳との書を作り出すために、編集者たちが若干の手心を加えたことは当然であった。もちろんその激動を完全に感得するには、オランダ語原文によらなければならないが、予備知識をもって読むならば、訳文のうちにも多少のひらめきを認めることができるであろう。とにかく、これらの諸章にあらわれた内的相剋《ないてきそうこく》の激しさは、のちにアグネス山の修道院においてそれらを改訂増補したトマスの静寂な心境とは、およそかけ離れたものである。

第三巻の諸章は、ホロートの聖餐式に関する手記を収録したものである。トマス版では、「祭壇の秘跡について」De Sacramento Altaris と題されているが、原写本には「聖餐拝受について」De Communione となっており、平信徒のために書かれたものであることが知れる。これらもキリスト教聖礼典文学中の傑作である。最後の聖職者に対する勧めは、ホロート自身の筆ではなく、トマスの同僚スフォーンホーヴェンの手に成るものであるといわれる。

四　原本と流布本

右のような実情であるから、リューベック写本に基づくオランダ語原本と、トマスのラテン語流布本との間に、多くの相違があることは当然であろう。ここでそれらの詳細に立ち入ることは不必要であるが、大体の異同を示すことは有益であると思う。

まずオランダ語原本とラテン語流布本とは、各章の順序や配列を異にしている。原本第一巻と第二巻第一部との各章は、それに相当する流布本第一編と第二編との各章と、その順序が全く同じであるが、原本第二巻第二部第三部（流布本第三編）になると、その配列が全く違ってくる。同じなのは初めの四、五章であって、それにつづくべき諸章が、流布本では後半以下にまわされ、後半にきたるべき諸章が前半にくりあげられている。また最後の三、四章も順序が違っている。さらに原本第三巻（流布本第四編）は、一〇章あたりまではだいたい同じであるが、それ以下は互いに前後不同である。

次に流布本は、原本に比較して、多くの削除省略や附加挿入を行なっている。章の全部または大部分を削除したものが三章（原本第二巻一六章、第三巻序言および二章）半分を省略したものが二章（原本第三巻一二章および一五章）ある。それに反して全章を附加したものは一六章（流布本第三編八章、一〇章、一四章、一七章、一八章、二〇章、二一章、二六章、二九章、四八章、五五章、五九章、第四編五章、一一章、一五章、一八章）、部分的挿入を行なったものは一一章（流布本第三編五章、一五章、一九章、二三章、二七章、三四章、四五章、四六章、五〇章、五四章、五八章）ある。右のうち、全章を附加した流布本第四編中の四章は、前記のスフォーンホーヴェンの筆になるものと推定され、そのうちの二章はリューベック版の巻末にも収録されている（第三巻一七章、一八章）。

以上によって知られるように、ラテン語流布本は、のちに編集者の手で原文の順序が任意に変更されたため、思想的関連が当初の一貫したものから離れて、はなはだあいまいなものになっている。また附加、挿入、敷延等の結果、ところどころに精練された語句もあるけれども、全体としては迫力と緊張とを失い、平板、冗長に流れていることは、否定できない。とりわけ原文の意味を教会政治的意図から緩和したり、修道生活の立場から改変したりしたことは、当時としてはやむを得ない措置であったが、今日ではもはや無用であるばかりでなく、有害ですらある。要するに流布本は、原本を補足改善しょうとして、かえって平凡薄弱にしたのである。

さらに細部を吟味するならば、トマスその他のラテン語翻訳者たちが、オランダ原文を読み違えたり抜かしたりしたところから生じた明かな誤謬や、原文では自然な語句が訳文では生硬になっている個所なども指摘することができるが、[6] この解説ではそこまで立ち入る必要はあるまい。それよりむしろ両者の差異を知る上に見のがしてならない点は、原本第二巻第二部（流布本第三編）以下が、キリストと弟子（信徒）との内的対話という形をとっていることは、原本ではきわめて明確であるにもかかわらず、流布本ではところどころ漠然としていることである。これは原本による新版が、各章をさらに各節に細分していることと共に、原本再現の上からいっても、閲読と理解とを助ける点から見ても、はなはだ有意義な試みである。

とにかくこの書がトマス・ア・ケンピスの著でないことは、ラテン語の古版本にも著者名が出ていないこと、そのラテン文が翻訳であることは明らかであること、トマスの著とすれば年代的に初期のものとなるにもかかわらず、彼の後期の著書よりも思想や文体が円熟していること等によってたやすく立証されるであろう。

ついでながら、この書の標題が普通『イミタチオ・クリスチ』『基督のまねび』『キリストにならいて』などと呼ばれたのは、第一巻第一章の題目からとったのであって、全部の内容にふさわしくないことはもちろんラテン語本の翻訳であることが明らかになった今日、もはやその必然性を失ったとすら思われる。当初から題名をもたなかったこの書は、その独自な内容に応じて、この際全然別の名をつけられるのが至当である。そう考えて、わたしは『霊想録』『霊的手記』『キリストへの信従』『キリストと魂との対話』等、三、四の候補名を考案したのであるが、そうすれば在来の書と無関係なものと思われるおそれがあるので、さしあたり『キリストにならいて』という書名を踏襲することにした。

五　魅力と特徴

この書ほど古来広汎《こうはん》な読者をかちえた書物は珍らしい。ドイツ人では、ルター、ライプニッツ等が愛読したし、イギリス人では、トマス・モア、ジョン・ウェスレー、サミュエル・ジョンスン、リヴィングストン、ゴルドン将軍等が座右《ざゆう》に備えた。スペイン人ではイグナティウス・ロヨラ、フランシスコ・ザヴィエル、フランス人では、コルネーユ、パスカル、ルソー、ジョルジュ・サンド、オーギュスト・コント、ルナン、フォッシュ元帥等、枚挙《まいきょ》にいとまがないし、日本関係でもケーベル博士、綱島梁川、夏目漱石などがある。(7) これらの信仰、思想、性格を異にする人々が、この書に等しく心を引かれたのはなぜであろうか。

それにはいろいろの理由があるが、在来はその深い神秘性や、広い平信徒性や、すぐれた詩的美（音楽美）などが挙げられてきた。たしかにこの書には、エックハルトを水源とするドイツ神秘家――タウラー、ゾイゼ、ロイスブレーク等の影響が認められるだけでなく、中世イタリヤの敬虔な人々――アシージのフランチェスコ、ヤコポネ・ダ・トディ等と相通じるものが感じられる。またこの書の或る部分は修道院の中で書かれ、その思想には出世間的な傾向が強いにもかかわらず、全般的には普通人の魂にふれるものを多分に持っている。これは原著者ホロートの「近代的敬虔」運動が、何よりも平信徒の救いと聖化を目ざしていたことによるのである。さらにこの書の文体の美しさは、古来多くの詩的な魂をとらえ、詩人コルネイユすらこの書のあちこちを韻律化して、フランスの宗教詩を豊かにしたほどであった。しかし、わたしはもう少し違った角度からこの書の特徴をあげてみることにしたい。

その第一は、自己批判のきびしさである。著者は「内的な人は、他のあらゆるものを考慮する前に、自分を反省する」（二巻五章八節）としるしている。他人を審《さば》くことによって人はいたずらに労し、誤りに陥り、罪を犯すだけであるが、自分を省《かえり》み審くことは徒労に終らない。審判の日が来たならば、人は何を読んだかでなく、何をしたかを問われ、いかによく語ったかでなく、いかによく生きたかを問われるであろう。だから、多くのことを知れば知るほど、その生活を清くしないかぎり、いっそうきびしい審きを受けるのである。わたしたち自身の罪以上に、わたしたちの恐れ、責め、厭《いと》うべきものはあり得ない。「自分の罪のため地獄と永劫の火のほかに、わたしは何に値いするでしょうか？ わたしはあらゆる嘲笑と侮蔑《ぶべつ》とを受けるべき者であることを、誠実に告白いたします」（二巻四五章一一、一二節）というところまで行って、自分の罪悪性を突きとめないかぎり、確実な救いを得ることはできない。このような徹底的自己批判は、この書の基調をなしている。

次にこの書の著者は、純粋性をひたすら追求する。その純粋性はむろん学問的、知識的なものでなく、倫理《りんり》的《てき》、宗教的なものである。「自分を謙遜に知ることは、学問を深く究《きわ》めることよりも、いっそう確実な神への道である」（一巻三章一九節）と彼は言う。なぜなら、正しい知識は有用なものであるが、純粋な良心と高潔な生活とは、それ以上に重んずべきものだからである。謙遜であってわずかな知恵と適度の理解力とを有するのは、自分を欺きつつ知識の宝庫を有するにまさる。したがって純粋性を求めるには、たえず高慢を打破し、自分を卑下しなければならない。「汝、塵に過ぎぬ者よ、服従することをならえ。汝、土くれである浮浪人よ、へりくだることをまなべ。そして自分を万人の足もとに屈せよ」（二巻五四章一一節）謙遜になることは、とりもなおさず自我を捨てることである。それがなされるとき、人は神を見いだし、完全な自由を得ることができるであろう。「あなたの思いを至高者と共にあらしめ、あなたの祈願をたえずキリストへのぼり行かしめよ」（二巻一章二三節）という魂の至上の希望は、そのとき実現するのである。

第三にこの書が教えるのは、世俗と自我への挑戦である。この書は消極的な厭世《えんせい》思想《しそう》を教えるものと思われがちであるが、事実は悪への果敢《かかん》な抵抗を鼓吹《こすい》するものであり、その禁欲的一面も罪を克服しようとする剛健な精神の表われである。書中のキリストは弟子に向かって言う。「あなたは敵のただ中に住んでおり、右からも左からも攻められている」(二巻二九章二節)「わが子よ、雄々《おお》しい騎士のように、勇敢に戦え」(二巻四九章二六節)戦いこそ人の世のまことの姿であり、神に生きようとする者は積極的にそれに参加しなければならない。そして自我に打《う》ち勝《か》とうとする人は、世の常の戦いより激しい戦いをしているのだ。そのような人に、神の助けと永生の賜物とは授けられる。「主は、戦いつつ主の恵みにより頼む者を、常に助けようとして待ち構えておられる」(一巻一一章一二節) 人は世俗や自我と戦うことにより、内側からイエスを知り、イエスと交わることができるのである。

ここにおいて、キリストとの霊交がこの書の最後の、しかも最大の特徴として、前面に浮びでてくる。「幸いなのは、イエスを愛し、イエスを愛するために自分をさげすむことを知る人である」(二巻七章一節)「イエスが内心で語りたまわぬ時は、外からのどんな慰めも無価値に等しい」(二巻八章三節)「すべての親友のうち、イエスを第一最愛の友とせよ」(二巻八章一節) しかし、イエスとの交わりは、空想や幻覚によってなされるべきでなく、現実の苦難の中で行われるべきである。イエスを愛する者は、苦難を甘受しなければならぬ。彼の十字架を負い、その苦しみにあずかるところに、彼との深い交わりは成立する。それと共に、イエスの授けられた聖《せい》餐《さん》の恵みにあずかることも、このみじめな世界においてイエスの生命につらなる秘訣である。この秘跡は、イエスとわたしたちとを結び、彼の生命をわたしたちのうちにあふれるばかり注ぐのである。だから著者は叫ぶ。「ああ、わが魂よ、喜べ。そしてかくも尊い贈物とたぐいのない慰めとを、この涙の谷にのこされた神に感謝せよ」(三巻三章一三節)

このようにして、きびしい自己反省から出発して、霊の純化を求めてやまない巡礼者は、自己克服の激しい戦いを経《へ》て、キリストとの霊交のうちに最後の平安を見いだす。以上が、昔も今も変りなく、人生の探求者や真理の熱望者を引きつけるこの書の主要な特徴である。

六 邦訳について

この書は、原著者の死後、まもなくラテン語に訳され、ラテン語本が原本と見なされるほどになったが、一四三四年にはドイツ語に、一四四七年にはフランス語にそれぞれ訳され、ついでイタリア、デンマーク、スペイン、イギリス等の諸国語に移されていった。そして、それらの原本や訳本が重《かさ》ねた版数は、R.P. Bucker の調査によれば、一八六四年、すでに二八一四版に上ったというから、今日ではさらに莫大な数に及ぶであろう。(8) そのあいだに最初の日本語訳が比較的早くあらわれ、それから最近までに一〇数種を数えていることは、日本人として心強いかぎりである。今、それらの邦訳を年代順に列記して、短評を試みることにしよう。

一『コンテムツスムンヂ』ローマ字本
　一五九六年（慶長元年）天草耶蘇《あまくさやそ》会学林《かいがくりん》刊
『こんてむつすむん地』平仮名本
　一六一〇年（慶長一五年）都の原田アントニヨの印刷所刊

前者はオックスノォード大学のボドリアン図書館とミラノのアンブロシアナ文庫とに各一冊を蔵《ぞう》しているだけの珍本で、縦一三〇ミリ、横七二ミリの小版である。ラテン語版の全訳であり、ところどころ原語をそのまま使ったり、仏教用語を用いたりしているが、邦文としては明快暢達《めいかいちょうたつ》であって、切支丹文学中の白眉《はくび》と称せられる。訳者は不明であり、パウロ養甫軒、不干斎ハビヤン、ナバルロ、ライモンド等が擬せられ、細川ガラシヤを囲む人々の手で仕上げられたともいわれている。いずれにせよ、キリスト教が日本に伝えられてからまもない時期に、このような全訳が出たということは異《い》とするに足りる。姉崎正治編『切支丹宗教文学』（昭和七年、同文館刊）にかなまじり文で全部複刻されている。

後者は前者を平がな文に直したもので、東京の若樹文庫に所蔵されていたが、今では天理図書館に移されたと聞いている。縦二六七ミリ、横九二ミリの大版、木製活字を用い、四巻に分かれている。内容はローマ字本と大差ないとされていたが、柊源一氏の調査によれば、省略や削除が多く、外国語や仏教語や漢字を避けて、一般にわかりやすい文章にしているとのことである。[9] その一部は、大正一〇年、米山堂の稀書複製会から写真版で刊行された。またその全文は昭和三二年、朝日新聞社発行日本古典全書中の新村出、柊源一校訂『吉利支丹文学集』(上)にそのまま再現され、現代の好学者の渇をいやすものとなった。その訳文は当時の切支丹文学中でもひときわ洗練された名文である。

二『基督之《きりすとの》模《も》範《はん》』桜井近子訳

一八九二年(明治二五年)築地一二三館刊

ラテン語の英訳から第一編と第二編とを訳したもの。大きさは四六版。フルベッキ、巌本嘉志子連名の序文があるが、その中に、ルッソー、モリエー(モリエール)、コーネル(コルネーユ)、サムエル・ジョンソン、ライプニッツ、ラマルテン(ラマルティーヌ)等が、本書を愛読または推称したことをしるしている。訳者は桜井女塾、女子学院の創立者で、訳文は明治中期のものとしては比較的忠実な文語訳である。

三『世範』松田承久、三島彊訳、フォス校閲

一八九二年(明治二五年)日本聖公会出版社刊

『聖範』訳者、校閲者は右に同じ

一九一五年(大正四年)前者第四版を改題、同社刊

ラテン語本と一八八八年の英訳とに基づき、イギリス宣教師ライトの邦訳を参照して、前記二氏が訳したのを、さらにフォスが校閲したもの。最初は第一編と第四編とを出したが、のち(明治三十二年)他の編を補《おぎな》い、その後『聖範』と改題した。ビカステスの序文がある。四六半截の小型である。邦訳聖書の文体にのっとった平

易な文語体であり、聖公会内で広く読まれた。

四『基督の模倣』日高善一訳

一九一〇年（明治四三年）内外出版協会刊

一九二四年（大正一三年）改訂版、基督教書類会社刊

クロウエル社出版の英訳を底本《ていほん》とし、スタンホープの英訳を参照して訳したという。最初の発行所が廃業し、そのうえ大震災で紙型が焼失したため、改訂版を後者の出版社から再刊した。四六版。「本書とその著者」および「和訳について」という解説がある。やはり邦訳聖書調の文語体である。

五『基督模倣』小黒康正訳

一九二〇年（大正九年）新潟天主堂刊

ラテン語本からの全訳で、ヨゼフ・ゲルハルヅが校訂している。菊半截版。序文に「多少転訛《てんか》せる拉典語《らてんご》を以て拈提《ねんてい》せられたるが為に」と書いているのは、ラテン語本が翻訳であることを無意識的に言い表わした言葉として興味探い。訳文は簡潔平明である。

六『基督に倣ひて』中山昌樹訳

一九二〇年（大正九年）洛陽堂刊

一九二四年（大正一三年）改装、新生堂刊

ラテン語本によったというが、底本は示されていない。普通、第四編に置かれている聖餐《せいさん》式に関する部分が、第三編になっているところを見ると、相当古い版によったらしい。初版、改版、ともに四六版。序文に、この書を愛読した人として、ルウテル、ウェスレー、ライブニッツ、ラムンネエ、アウギュスト・コムト、ゴルドン将軍等の名があげられている。訳文は重厚ではあるが、明快とは言いがたい。

七『基督の道』中村詳一訳

一九二一年（大正一〇年）越山堂書店刊

訳者はキリスト信徒ではないが、ケーベル博士や夏目漱石が愛読したことを知り、一般教養の書として翻訳したという。「四通りの異った英訳をくらべ合せて」訳したとも言っている。よくこなれた口語文で、日本文としては出色のものである。題名を『基督の道』としたのも、よほど考えた結果であろう。

八『イミターショ・クリスチ』内村達三郎訳

一九二八年（昭和三年）岩波書店刊『岩波文庫』

『基督のまねび』同人訳

一九三三年（昭和八年）春秋社刊『春秋文庫』

カトリック教会公定のラテン語本により、マトン、モンタグ両神父の助けを得て訳したと書いている。最初『岩波文庫』から出たが、のち或る事情により春秋社の発行にかわった。非常に癖のある文章で、通読《つうどく》するのは容易でない。

九『詳解イミタチオ・クリスチ』浦川和三郎訳

一九三六年（昭和一一年）長崎公教神学校刊

『キリストの御後に』同人訳

一九四七年（昭和二二年）中央出版社刊

底本は明らかにされていないが、おそらくカトリック教会公定のラテン語本であろう。訳者は「ラテン文の原書に就《つ》いて直に本書を訳出し、成るべく平易通俗ならしむべく努《つと》めた」と言っている。前者は菊半截であったが、後者は四六版である。訳文はわかりやすいけれども、多少雑然としている。

一〇『キリストに倣いて』光明社訳

一九四八年（昭和二三年）札幌光明社刊

原典もあげず、訳者名もしるしていない。おそらくラテン語流布本により在来のカトリック訳を改修したものであろう。修道者や信者向きのデヴォーショナルな訳である。

一一『基督に倣ひて』由木康訳
　一九四八年（昭和二三年）日本社刊
『キリストに倣いて』同人訳
　一九五六年（昭和三一年）角川書店刊『角川文庫』
『キリストにならいて』
　一九七三　（昭和四八年）教文館刊

この訳本については次の七節で詳述する。

一二『キリストにならう』バルバロ訳
　一九五三年（昭和二八年）ドン・ボスコ社刊

序文に、原典が中世特有のラテン語で書かれ、作者不詳として出版されたことは確実であると言い、トマスが完成したのは筆写のことで、「彼が作者でない証拠は、その署名にある」というデニフレの言葉を引用し、トマス以前の一ドイツ人説やヘーラルト・ホロート説にもふれているが、むしろヴェルチェーリのジェルセン説を支持しているようである。これは訳者がイタリア出身だからであろう。「ポールがブリュッセルの王室の図書館写本にもとづいて出版した、批判テキスト（フライブルク、一九〇四年）によった」と付記している。各章の表題を自由に簡素化しているのが特徴である。

一三『キリストにならいて』池谷敏雄訳
　一九五五年（昭和三〇年）新教出版社刊

だいたいにおいてトマスを原著者とする説の上に立ち、一九四六年、ベルギーの聖ヨハネ・エヴァンジェリスト協会から出版されたラテン語版を底本とし、英、仏、邦訳を参照して訳したという。特に前記の中山昌樹訳の影響を受け、日本聖書協会の口語訳聖書を引用しているせいか、カトリック訳に対してプロテスタント的であり、また当用漢字や新かなや話し言葉をできるだけ利用しているため、内村達三郎訳などとは反対に文章が現代的で平易である。

一四『キリストにならって』荻原晃訳

一九五九年（昭和三四年）中央出版社刊

序文に、トマスが編集者であること、作者は不明であること、中世特有のラテン語で書かれていることなどがあげられている。また「ラテン語の原本にもとづき、なるべく忠実に、そして、平易に、読みやすく、ほん訳した」とも書かれている。しかしどの版によったかは明らかでない。各章の節の分け方が在来のものと違っているところを見ると、新しいラテン語版によったものであろう。訳文はよくこなれている。

一五『キリストにならいて』大沢章、呉茂一訳

一九六〇年（昭和三五年）岩波書店刊『岩波文庫』

底本は明らかでないが、校訂には一九四八年、S. Joan Evangelista 会から刊行された Desclée 版を用いたという。はじめ大沢氏が訳したものに、あとで呉氏が加筆したものである。大沢氏はトマス著者説を確信しておられるようであるが、呉氏は「本書がもとオランダ語で書かれたものの訳とすれば（その可能性も大きいと思われる）。その表現法の影響も多分にあろう」と述べておられる。訳文はくだけすぎるほどくだけており、そのため内的リズムの不統一がところどころ感じられるほどである。

右にあげた諸書のほかに、国定弥平訳『耶蘇基督の模範』というのもあるとのことであるが、どうしてもさがし出すことができなかったので、年代その他をつまびらかになし得ないのは残念である。

七　本訳書について

『イミタチオ』をわたしが初めて読んだのは、一九二一年（大正一〇年）英訳本によってである。それはロンドンのキリスト教知識普及協会から発行された *Of the Imitation of Christ*, Revised Edition, 1912 であった。この書は普通B・F（またはF・B）版といわれるもので、一六一二年に初版を出し、同世紀中にイギリス国教会で採用され、一八世紀にはジョン・ウェスレーがその抄本をつくり、一九世紀にはジョン・キーブルがそのオックスフォード版を編して、英語国民のあいだに普及させたが、一八七四年ドイツの『イミタチオ』学者カール・ヒルシェがトマスの自筆原稿にもとづいてラテン語の新版を出したので、それを参照して改訂をほどこしたという歴史的英訳本である。なにしろ欽定英訳聖書を思わせるような荘重な文体である上に、国教会の教義と相容れない個所は故意に削除しているので、完全なテキストにはほど遠いものであった。しかしそれから受けた感銘は相当に強かったらしく、書中のあちこちに横線や書き込みをしたものが今でも書斎の一隅に残っている。

その後わたしは近代神学、社会思想、バルト神学、内外の古典等との応接に忙しかったため、この内省的な古典を再読する余裕を失っていたが、時たま往時の感銘を思いおこして、もう一度あの書を味読したいと思うことがあった。特に第二次大戦中の憂うつな時期にはその思いがいっそう強く、できたら自分で訳してみたいと考えるほどになった。しかし今までの邦訳と同じテキストによったのではあまり意味がないから、何か特色のある底本はないかと心ひそかにさがし求め、一時はラムネのフランス語訳を入手して、その重訳を思い立ち、ある友人にそのことを漏らしたこともあった。

ところが、そのとき突如として *The Following of Christ, the Spiritual Diary of Gerard Groote* (1340-84) tr. by Joseph Malaise とめぐり会ったのである。これはオランダのネイメーヘン・カトリック大学名誉学

長ヤコブ・ヒンネケンが編した中世オランダ語の『イミタチオ』の英訳を、一九四四年（昭和一九年）上智学院文化研究会がキリスト教古典双書第一巻としてタイプ印刷で仮出版したものであった。それにはヘルマン・ホイヴェルス神父の序言がつけられ、この解説の初めに書いたようなことが簡潔に述べられていた。その内容はわたしにとって大きなショックであったと同時に、わたしのうちに新しい意欲をかき立ててくれた。これこそそれとなくさがし求めてきたテキストであるとわたしは直感したのである。

そこでさっそく翻訳にとりかかろうとしたが、一九四四年は戦局が不利に傾いた年で、防空演習や子供の疎開など心を労することが多く、どうしても着手することができなかった。そういうわけで稿を起こしたのは、空襲の激化した一九四五年の新春であった。その一月から三月にかけてだいたい三分の二あまりを訳したのであるが、三月の下旬から妻の重病、自宅の全焼、自分の栄養失調など、戦争による惨苦が相次いで起こり、ついに筆をおかざるを得なくなった。そして敗戦前後の一年半ばかりはそのまま放置していたところ、一九四六年の夏ようやく時を得て残りの訳業を完了したのである。原稿をカバンに入れて持ちまわったため焼失をまぬかれたことも、今では一つの思い出となった。

一九四七年、日本社の請いに応じて組版にかかり、翌年一応出版されたが、まもなく同社が廃業したため、一般にはほとんど普及しないで終った。しかしその版が新村出、奥野信太郎、寿岳文章等の諸氏のお目にとまり、過分の推奨をいただいたことは思いがけない幸運であった。

一九五六年、角川源義氏の好意により角川文庫に収められることになったので、それを機会に原文と照合して筆を加えた。漢字を少なくしたり、旧かなを新かなに直したり、文語の引用句を口語に改めたりしたのである。とりわけいちじるしい相違は、原著者の名を「フロート」と表記していたのを新村出博士の示唆に従って「ホロート」としたこと、原著者が助祭になる前に書いたと想像される日記の部分（第一巻第一章——第一七章）に出てくる第二人称（あなた）を故意に第一人称（自分）に直したこと、キリスト者やカトリック者にのみ通用する特殊な用語をできるだけ避けて、だれにでもわかる一般の語句を用いるように努めたことなどである。

この角川文庫本は多くの版を重ねて今日に至ったが、このたび教文館がキリスト教古典の愛蔵版を計画し、その一巻として拙訳を入れたいと申し出てきたので、喜んで応じることにした。そこでこれを好機として三度目の加筆を実施したのである。すなわち、原文にもとづいて意味や文脈の不分明な個所を分明にし、国語の変動に添って漢字の制限やかな使いの改善を進め、最近の慣例に従って年代、章節、出典等の表記法を合理的に統一したのである。たとえば「キリストに倣いて」を「キリストにならいて」に、「おのれ」を「自分」に、「われわれ」を「わたしたち」に、「崇める」を「あがめる」に、「浄める」を「清める」に、「棄てる」を「捨てる」に、「ピリピ書三章二十節」を「ピリピ三・二〇」に改めたなどが、それである。

上述のように、この版ができるまでには、稿を起こしてからすでに四半世紀以上の歳月が流れた。そのあいだにいくたびか筆を加えたけれども、なお不満な点があることをわたし自身知っている。しかしこの版においてようやく、或る道程までたどり着いたような気がする。今後も読者諸氏の好意ある批判と教示とによってより完全なものになることを願ってやまない者である。

注

（一）『カトリック大辞典』中の「イミタチオ・クリスティ」の項参照。

（二）Jac. van Ginneken, *Trois Textes Pré-Kempistes du Premier Livre de L'Imitation*, Amsterdam 1940. 二三ページ。

（三）M. Lewandowski, *L'Auteur inconnu de L'Imitation de Jésus-Christ*, *Plon* 1940. 特にその第一章「論争の五世紀」参照。

（四） J. van Ginneken の前掲の書七ページ。

（五） ホロートの伝記は次の書にくわしい。T.P. van Zijl, *Gerard Groote, Ascetic and Reformer*, Catholic University of America Press, Washington 1963.

（六） ヴァン・ヒンネケンの研究を祖述したヨゼフ・エイレンボス『イミタチオ・クリスチ起原考証』（カトリック雑誌『声』一九四二年九月—四三年四月号所載）の第七回（四三年四月号）参照。

（七） M. Lewandowski の前掲の書、第九章「生命の書」に、さらに多くの人々があげられている。

（八） 同書 二〇五ページ参照。

（九） 柊源一『国字本こんてむつすむんぢ攷』（『国語国文』一九五一年（昭和二十六年）九月十五日発行所載論文）。

本書は一九七三年一〇月「キリスト教古典叢書」（教文館）の一冊として発行したものです。

《訳者紹介》

由木　康（ゆうき・こう）

1896年鳥取県に生まれる。関西学院専門部文科卒業。1921年東京二葉独立教会（現日本基督教団東中野教会）牧師となり50年間在任。『讃美歌』（1931年版、1954年版）、『青年讃美歌』（1941）、『讃美歌第二篇』（1967）の編集責任者を務める。作詞、訳詞多数（「馬槽のなかに」「きよしこの夜」など）があるほか、讃美歌学、礼拝学、パスカル研究書を著す。1985年没。

著書　『讃美歌小史』（1932）、『基督教礼拝学序説』（1936）、『讃美歌略解』（1955）、『讃美の詩と音楽』（1975）、『キリスト教新講』（1975）ほか。

訳書　『パスカル小品集』（1938）、『パスカル瞑想録』（1938）ほか。

キリストにならいて

2021年4月20日　発行

訳　者　由木　康
発行者　渡部　満
発行所　株式会社　教文館
〒104-0061　東京都中央区銀座4-5-1
電話 03(3561)5549　FAX 03(3250)5107
URL http://www.kyobunkwan.co.jp/publishing/
印刷・製本　株式会社デジタルパブリッシングサービス

配給元　日キ販　〒162-0814　東京都新宿区新小川町9-1
電話 03(3260)5670　FAX 03(3260)5637

ISBN 978-4-7642-0350-1　　Printed in Japan